JN095232

経営学史学会編　〔第三十輯〕

多面体としての経営学

文眞堂

巻頭の言

経営学史学会第10期理事長　藤　井　一　弘

　本年報第30輯は，経営学史学会第30回全国大会における報告をもとに執筆された論文等から構成されている。同大会は，統一論題「多面体としての経営学」のもと，専修大学（大会実行委員長：勝部伸夫会員）を主催校としてオンライン形式で行われた。

　大会の統一論題は，1世紀以上の歴史を経ても，その境界が明確になるどころか，むしろ多様化しつつある経営学というディシプリンの現状を，ひとまずは前提として，経営学のいくつかの「面」をクローズ・アップし，それぞれの限界と可能性を省察するという意図とともに，各「面」の対話が促進されることを願ったものであった。

　大会では，基調報告と，4件の統一論題報告，6件の自由論題報告に加えて，本学会では比較的まれな企画であるワークショップ（テーマ「学史研究と実証研究の対話」）がなされた。本年報には，基調報告論文，ならびに統一論題報告をベースに大会当日の質疑応答を反映して推敲された4点の論文と，自由論題報告者より投稿された論文に対して，査読プロセスを経て採択された3点の論文，そしてワークショップの記録が収録されている。

　経営学の多面的な性格が，本年報において，どれほど浮き彫りにされているか，そしてそれらの間に実り多い対話がなされているかについては，読者諸氏の評価を待つしかないが，経営学なるものが一枚岩の学問でないことについては，衆目の一致するところだろう。現在では，実証的研究が圧倒的ではあるが，「実証」はメソードにすぎないことも否定できない。

　内外の経営学関連分野の著作・論考は夥しく，経営学における「新たな」コンセプト，あるいは新語・流行語も数々登場するが，中身を見ると何十年も以前の彼此と，どこが違うのか，ということもままある。学史的観点なくして，その真贋を鑑定することはむずかしい。

目　　次

巻頭の言 ……………………………………………藤　井　一　弘… i

第Ⅰ部　趣旨説明 ………………………………………………… 1

　　多面体としての経営学……………………… 第 10 期運営委員会… 3

第Ⅱ部　多面体としての経営学 ………………………………… 7

　1　数値化する世界──経営学小考── ………松　田　　　健… 9

　　　Ⅰ．はじめに ……………………………………………… 9
　　　Ⅱ．近代科学の源流 ……………………………………………10
　　　Ⅲ．「合理性」に対する理解……………………………………12
　　　　　──経営「論」か，経営「学」かという命題に向けて──
　　　Ⅳ．「数値化」のあらわれかた…………………………………16
　　　Ⅴ．むすびにかえて ……………………………………………19

　2　対話的経営学史の試み ………………………山　縣　正　幸…22

　　　Ⅰ．はじめに ……………………………………………………22
　　　Ⅱ．経営学史とは，どのような内容を持つのか ……………23
　　　　　──そのアプローチの整理──
　　　Ⅲ．問題自覚的方法と創造型──池内信行の経営学史方法論── …25
　　　Ⅳ．経営学史において“対話する”とは，いかなる謂いか ………28
　　　Ⅴ．おわりに ……………………………………………………33

3　プリズムとしての「組織の倫理」………間　嶋　　崇…37

　Ⅰ．はじめに ……………………………………………………37
　Ⅱ．経営学における一側面としての「組織の倫理」研究とその
　　　大きな面としての経営倫理研究 …………………………38
　Ⅲ．新たな側面の登場 …………………………………………40
　Ⅳ．制度（によるマネジメント）に対する新たな側面を考える …45
　Ⅴ．むすびにかえて ……………………………………………47

4　仕事のデザインと経営学 ………………高　尾　義　明…52

　Ⅰ．はじめに ……………………………………………………52
　Ⅱ．ワークデザイン論の変遷と評価 …………………………52
　Ⅲ．実践とのギャップの背景 …………………………………55
　Ⅳ．仕事のマネジャー決定論から結び目としての仕事へ ………57
　Ⅴ．ディスカッション …………………………………………61

5　組織行動研究における
　リサーチ・プラクティス問題 ……………服　部　泰　宏…66
　　　──学説史的な検討──

　Ⅰ．はじめに ……………………………………………………66
　Ⅱ．人間関係論 …………………………………………………67
　Ⅲ．新人間関係論 ………………………………………………69
　Ⅳ．精神分析学的組織行動研究 ………………………………71
　Ⅴ．実証主義的組織行動研究の興隆 …………………………74
　Ⅵ．実践とどう対峙するか ……………………………………77

第Ⅲ部　ワークショップ …………………………………83

6　学史研究と実証研究の対話 ……………上　林　憲　雄…85
　　──経営学史学会は経営学の発展へ　　　庭　本　佳　子
　　向けて何をすべきか──　　　　　　　　貴　島　耕　平
　　　　　　　　　　　　　　　　　　　　　磯　村　和　人

　Ⅰ．ワークショップ企画の趣旨 ………………………………85
　Ⅱ．経営学史研究と実証研究とが架橋される可能性と課題 ………87
　Ⅲ．大会テーマおよび運営面の課題と改善策 …………………90
　Ⅳ．理論研究の意義を再検討する ……………………………94
　Ⅴ．早急なるアクションを！──むすびに代えて── ……………98

第Ⅳ部　論　　　攷 ………………………………………101

7　有機体の哲学と人間協働 ……………村　田　康　常… 103
　　──文明化のプロセスにおける説得と調整──

　Ⅰ．はじめに──文明の転換期の経営哲学── …………… 103
　Ⅱ．研究の目的および方法 …………………………………… 104
　Ⅲ．ホワイトヘッド哲学における「説得」と「調整」概念 …… 106
　Ⅳ．ホワイトヘッド文明論と人間協働 ……………………… 110
　Ⅴ．バーナードとホワイトヘッドの「説得」…………………… 112
　Ⅵ．まとめ──来るべき文明論的経営哲学── ……………… 113

8　〈見える化〉の多面性 …………………山　下　　　剛… 116
　　──その経営学への示唆──

　Ⅰ．はじめに ……………………………………………………… 116
　Ⅱ．〈見える化〉の概念………………………………………… 117
　Ⅲ．見える化の多面性──経営学に対する含意── …………… 122
　Ⅳ．おわりに──その経営学への示唆── …………………… 126

9　経営学史における人類学的な組織
　　研究の系譜と展開 ……………………砂　川　和　範… 129

　Ⅰ. はじめに …………………………………………………… 129
　Ⅱ. 初期経営学史における人類学者 ………………………… 129
　Ⅲ. 民族誌的産業・組織研究の継承と継続 ………………… 131
　Ⅳ. 経営学と人類学の再邂逅 ………………………………… 132
　　　　──80 年代以降の状況変化と相互浸透──
　Ⅴ. 日本固有の経営人類学の系譜──民博グループ── ………… 137
　Ⅵ. 結び ………………………………………………………… 140

第Ⅴ部　文　　　献 ………………………………………… 147

　1　数値化する世界──経営学小考── ……………………… 149
　2　対話的経営学史の試み ……………………………………… 150
　3　プリズムとしての「組織の倫理」……………………… 151
　4　仕事のデザインと経営学 …………………………………… 152
　5　組織行動研究におけるリサーチ・プラクティス問題 ……… 152
　　　　──学説史的な検討──

第Ⅵ部　資　　　料 ………………………………………… 155

　経営学史学会第 30 回全国大会実行委員長の挨拶
　……………………………………………勝　部　伸　夫… 157
　第 30 回大会を振り返って………………貴　島　耕　平… 159

第Ⅰ部
趣旨説明

多面体としての経営学

第 10 期運営委員会

経営学史学会第 30 回記念全国大会の統一論題は「多面体としての経営学」とする。

本学会は 1993 年 5 月に創立大会を開催し，2022 年で 30 回目の大会となる。2 回目の大会（第 2 回大会）以来，学会において統一論題を定めて，テーマにふさわしい報告者を依頼するとともに，公募で自由論題報告を求めるという形を取ってきた。

1993 年というのは，世界的には 1989 年のベルリンの壁崩壊，1991 年のソビエト連邦解体を画期とする東西冷戦終結にともなって，グローバリゼーションが本格化（経済活動のうえでは，自由主義経済の世界化）した時期に当たる。国内では，いわゆるバブル経済の終焉が明らかになり（1997 年には，都銀 13 行・四大証券会社のそれぞれ一角を占めていた北海道拓殖銀行が破綻，山一証券が廃業），それ以後の日本経済の長期低迷へのとば口に立った時期でもあった──ここでは，経済的な面にのみ限定しておく──。

そのような時代にあって，第 2 回大会統一論題（以下，「テーマ」と記す）として掲げられたのは，「経営学の巨人──ニックリッシュ，バーナード，マルクスと経営学──」である。

日本における本格的な経営学研究は，おおむね第 2 次大戦後，ドイツとアメリカの経営学の研究に基づきながら，日本独自の経営学を樹立するという問題関心で進められてきたのは周知の通りであるが，この歴史に沿って，ニックリッシュはドイツ経営学，バーナードはアメリカ経営学の代表として選ばれた。そして，日本の経営学を代表する学派として，世界の他の国々にない特色を持つという理由でマルクスに依拠した批判経営学（個別資本学派）が取り上げられた。この学派を取り上げるにあたって，社会主義体制の凋落という状況下で，当該学派が今なお（大会当時）命脈を保っており，今

後の方向を考えてみるという点で時宜にかなっているというコメントが添えられている［『経営学史学会ニュース』No. 1（1994年2月）］。

　1994年の大会が上述のようなテーマを掲げたことを顧みるとき，それ以来の変化の大きさを改めて感じざるをえない。『経営学史学会ニュース』は第2号より『経営学史学会通信（以下，『通信』と記す）』と誌名を改められ今日に至っているが，第2号（1995年10月）では，早くも若手研究者の学史志向が必ずしも強くはないという指摘があり，この脈絡での「慨嘆」は，それ以後も，しばしば『通信』上で繰り返されることとなる。

　さて，第9回大会までは，『通信』に掲載されるテーマの趣意は簡潔なものであった。本格的な趣意文が「解題」という名で掲載されたのは第10回記念大会（テーマ「現代経営の課題と経営学史研究の挑戦──グローバル化・地球環境・人間と組織──」）からである（『通信』第8号，2001年10月）。この「解題」は約1頁であったが，第15回大会（テーマ「経営学の現在──方法と問題──」）以来，ほぼ2頁のボリュームとなり現在に至っている。

　さて，以上の経緯に見るように，テーマ設定の意図（趣意）をどのように語るかについては，それなりの変遷があり，厳格なフォーマットはないと言えよう──「サブテーマ」という語が登場するのも，第16回大会からである──。

　そのうえで，今大会のテーマ「多面体としての経営学」の意図を述べたい。

　「経営学」というディシプリンは1世紀以上の歴史を経ても，その境界が明確になるどころか，むしろますます多様化しつつあるのが現状である。現在の「経営学」は多重的であり，プリズムで分光される前の「光」にも例えられるのではないだろうか。各研究者は，総体としての「経営学」から自らのプリズムを通して，それぞれの経営学を析出している。このような現状認識を表したのが「多面体としての経営学」である。

　今大会では，ひとまずは，このような現状を前提として，経営学のいくつかの「面」をクローズ・アップして，それぞれの限界と可能性を省察したい。その過程で，各「面」の対話がなされることも期待したい。

取り上げられる「面」については，以下のような例が考えられる。

＊現在，「科学」ないし「普遍的な理論」を志向する経営学が主流となっていることは，到底，否定できない。この「面」を取り上げることは必須と思われる。

＊学史や学説史研究の重要性は，本学会の歩みの中で，絶えず強調されてきた。これは，経営学に限らず，ひろく「歴史」に基づいて思考することの重要性を踏まえての主張でもある。一方，狭義の「歴史学」の分野でも「『歴史』とは何か」についての共通認識が持ちにくくなっているという議論もある。このような状況の中で，歴史という個別特殊的な現象に根ざして，言語化を追求する経営学の「面」を取り上げることは重要であろう。

＊基本的には上記に添うものではあるが，これまでにも本学会では，「科学」に対して（あるいは，ともに）「学問」を置くという考え方が主張されてきた。狭義の「科学」ではないが，「学問」として認められるディシプリン——このようなディシプリンが，現今の風潮の中でどのように扱われているかは別として——は，当然，存在する。経営学は，そのようなものとしてありうるか。また，その具体的な形を問うという「面」もあるだろう。

＊本学会が設立以来の社会の動き——「歴史」とも言える——の中で，あるいはそれを視野に入れつつ，活動を行ってきたことも疑いのないところである。この脈絡で，現代——非常な困難をかかえている時代であることについては大方の同意があるだろう——の特徴を捉えて，経営学そのものの在り方の転換も含めて，将来の社会の姿を志向する，あるいは展望する経営学の「面」を取り上げることも考えられる。

＊直上の「面」に含まれるとも考えられるが，経営学を資本主義のもとでの営利企業の活動の研究に限定することなく，社会の中での「協働」の在り方を論ずるものと考える研究方向も本学会では根強いものがある。この「面」も取り上げるに値するだろう。

第 II 部
多面体としての経営学

1 数値化する世界
──経営学小考──

松 田 　 健

Ⅰ．はじめに

　とりわけ2000年代に入ると，自然環境のみならず，経済的・政治的・社会的な環境も大きく変化し，またそれに伴って事業のやり方やひとびとの価値観も様変わりした。社会システムの高次化，複雑化もが一層進展する中で，経営学の重要性はますます高まっているといえるだろう。

　経営学の成り立ちを教科書的に振り返ってみれば，経営学は「多面性」を持つ学問であるといえる。その側面のひとつには，「数値化」して把握することを重視してきた面がある。それはF. W. テイラー（F. W. Taylor）が産み出した「科学的管理」というマネジメント手法以来，事象の客観的な理解と伝達とを，数値化を通じて行うという考え方ないしアプローチによって経営活動そのものを把握，分析してきた側面に見ることができる（最も特徴的な例のひとつとして，「時間－動作研究（time-motion study）」が挙げられるだろう）。すなわち経営学の源流のひとつである「科学的管理」は，「数値（数字）によるヒトならびに事象の把握」を徹底したといえる。換言すれば，テイラー以前の作業現場でのマネジメントは，ある意味では経営者の経験や勘，コツといった極めて主観的な手法に委ねられていたが，ここに「科学的」なものの見方を導入し，マネジメントをより客観的に把握し相対化しようとしたものが「科学的管理」であるとすれば，「科学的」視覚によるマネジメントの客観化・相対化の根幹には，必然的に数値化という考え方ないしは概念が横たわっているといえるだろう。

　「数値化」とは，言うなれば事象の「定量化」を通じて「明瞭性」「客観

性」「再現性」を確保し，ものごとの「価値」を算定し，「定義化」を導出するための手続きである。更に言えば，近い将来を可能な限り正確に予測し，起きうる事象に備えてリスクを算定するためにも「数値化」は有用である。

　当然のことながら，組織経営の領域において組織の状態を正しく把握し，問題が生じているとすればその根本的な要因を明確にするために，「数値化」は大変に有力なアプローチのひとつである。経営学の源流のひとつである科学的管理法は正に，その根底にヒト（による労働）を「数値化」するという視点を持っていた。経営学は複雑な関係性を対象としながらも，数値（数字）との関係が極めて強い学問なのである。

Ⅱ．近代科学の源流

　ところで，自然現象を漠然と神の意志として捉えたり，あるいは「自然な」こととして汎神論的に解釈して満足してしまうような，いわば神話的な状態（ミュトス）から，それらを合理的に説明づける体系の構築を目指そうとする状態（ロゴス）への移行は，ギリシャに源流をみることができる。例えばよく知られているように，ギリシャでは天体の運動の中に一定の「秩序」ないしは「規則性」を認め，これに対する知識が蓄積されていった。秩序だった規則的運行を続ける宇宙たるコスモス（cosmos）は，カオス（chaos）と対立する概念であり，永続的かつ必然の秩序として，それ自体ロゴス，すなわち理（ことわり）を内在させていると考えられた。ギリシャでは「自然現象を，自然現象として」興味の対象にするという態度と知的習慣とを持つようになったが，とくに自然現象のなかで起きる「運動」という事象を「問題」として読み取り，取り扱ったギリシャ人の姿勢は，その後の科学の方向を決定づけるほど大きな意味を持っていた。「自然な」ことを当たり前のことと見過ごしてしまうのではなく，「自然」のなかからとくに注目すべき現象として選び出すという行為は，近代の西欧科学に引き継がれていった（野家 2015, 24–25 頁）。

　落下物の加速度現象や惑星の円運動などに凝縮，収斂したギリシャ人の自然への関心，あるいは原子論のように，匂い，味，色など，物質の感覚に訴

える諸属性を運動学的にのみ変化し，定性的には不変な原理へと還元しよう
とする発想などは，結局，近代科学がそのままギリシャから継承した自然
への接近様式そのものである（村上 2021, 9-11 頁）。加えて，ギリシャ精神
の発見とともにルネサンスの申し子として生まれた科学研究の第 2 の道具
は「合理的実験」であった。経験を信頼できる方法で制御する手段たる実験
なくして，こんにちの経験科学は成立しえなかっただろう。いうまでもない
が，この「合理的実験」の根底には「数値化」の思考が横たわっている。

　こうした「数値化」の思想を後述する経営の「合理性」という切り口から
みれば，例えばウェーバー（Max Weber）は，「資本主義的経済行為は予測
されるリスク・損失・利益の秤量と投下された資本の収益力のコントロール
を含む」としたうえで，「形式的・計算的な合理性」を強調している（Weber
1919, S. 491 ならびに Kocka 2017, 翻訳書，18-21 頁）。ウェーバーは資本主
義というテーマを西洋の近代化，近代資本主義社会への移行過程と絡めて包
括的な歴史の文脈で捉えたわけだが，この中で前近代社会から近代への歴史
の展開過程を「合理化（Rationalisierung）ないしは合理的（rational）」と
いう重要な概念を使って説明している。このことば，「合理化：合理的」は
「世界の呪術（魔術）からの解放（Entzauberung der Welt）：すなわち脱呪
術化」という意味と「知性化・理性化（Intellektualisierung）」という意味
とが込められている。ウェーバーはその対立軸にキリスト教を置きつつ，
「世界を呪術的な力によってではなく，科学と合理的な思考様式によって説
明しようとするようになっていく過程」として「近代化」を位置付けた。
すなわち，「技術と予測」に基づく合理化である（風間 2021, 2-3 頁：吉田
2005, 63-64 頁）。こうした理解や位置付けを可能にした思考の源流は，上述
したようにギリシャにみられた「自然科学に対する法則性の追求」にある。
古代ギリシャでもさまざまな場面で研究・実践された思考方法のひとつであ
る「数字化・数値化（nombrification）」の考え方は，そのままの形ではない
にしろ，ウェーバーが言う「脱呪術化」に寄与した技術でもあった。

　後年，「数字化・数値化」の考え方は当然の帰結として quantification（定
量化）を呼び起こし，さらにそれは方向を変えながら digitization（計数化：
デジタル化），digitalization（デジタライゼーション）を生み出していった。

とりわけ現代では，この「数値化」の流れがさまざまな領域に波及している。以下ではこの「数値化」ひいては「合理性」に導かれることで産み出される光と影が，経営の実践ならびに学問としての経営学にどのように影響しているのかを考えてみよう。

Ⅲ.「合理性」に対する理解
──経営「論」か，経営「学」かという命題に向けて──

「そもそも経営学とは一体どのような学問なのか」という問いに対する回答のひとつとしては，「会社の経営についての学問である」といった答え方があるだろう。そうであるとすれば，「会社の経営者に聞いたほうが実践的であり，有効度が高いのでは？」という意見が出てくるのは当然である。しかし，うまくいった理由が分からなければ次にその経験を生かしにくいし，KKD（勘・経験・度胸）だけでは長い期間継続的に収益を上げられないだろう。この理解の根底には事業経営そのものを把握する際の時間軸の違いが横たわっているが，それと同時に，経営合理性の追求，すなわち事業経営における「合理化」という視座がポイントになる。

とはいえ，この経営学の領域における合理性の追求とは，社会科学としてのそれでしかない。もちろんのこと，現代では経営学がカバーする範囲の拡大と経営学上の考察対象が個別に深化・複雑化し，また高次化したことを背景として，社会科学としての「合理性追求」の壁を突破し，自然科学における「合理性追求」の手法を適用できるような技術的，思考的発達とを用いた経営学研究が日々行われている。その試みは極めて重要であるし，当然のことながら高く評価できるものであるが，経営学の領域でいままで取り扱われてきた課題を前におき，これを分析し，理解するために，自然科学の領域で求められる厳密な法則の定立，すなわち普遍性，一般性，再現可能性を持った法則を打ち立てられるかどうかと問われると，歯切れよくこれに対して「できる」とは言い切れない部分があるだろう。つまり因果関係が厳密に成立するような法則性は，「部分」と「全体」という問題もあってこの分野ではまだ打ち立てられないのである。かかる前提に立てば，「過去にうまく

いった経営のやり方を理論としてまとめ，それを現代的なものの見方で研究したもの」と位置付ける見方は，「経営学」というより「経営論」という言葉で表したほうがよいのかもしれない。もちろんのこと，そうであるからといって研究上の「価値」が低いわけではない。

　他方，前節で述べたように「数値化」の手続きは自然科学の手法（ないしはこれにできるだけ近い手法）にしたがって，ある事象を捉え，分析し，理解する上で絶対的に必要となる。こうした手続きを用いた方法論によって因果関係についての法則を発見しようとする，すなわち「科学的な」方法論に則ったものが，科学としての「経営学」と理解されるものなのかもしれない。この両アプローチの違いは優劣判定の対象ではなく，いうなれば「そもそも経営学とは一体どのような学問なのか」という問いへの回答を導き出すためのアプローチの違いということだろう（この区分は一旦棚上げし，以下ではとくに断りを入れない限り，一般的な「経営学」という表記を用いる）。

　さて，ウェーバーも「科学には純粋に実践的で技術的である以外の意味はあるのか？」との問いを投げかけているが（Weber 1919, S. 489），例えば「伝統的支配」，「カリスマ的支配」ならびに「合法的支配」という概念を用いて支配の類型に言及している箇所にも，前述した「脱呪術化」の思考が根底にある（尾高 1975, 39–40 頁ならびに 52–66 頁）。これは彼による「合理性」の位置付けに対する理解に繋がるものである。吉田の卓越した整理を引いてウェーバーによる「合理性」の位置付けをまとめると，ウェーバーはよく知られているように，知性化あるいは理性化という意味での「合理性」を，まずは以下のように 2 つに分けて把握している（吉田 2005, 64 頁）。

　　「第一に自然現象であれ，社会現象であれ，この世から非合理的な呪術的要素は全面的に否定され，かつ排除されているので，どのような現象であってもまたいかなる事柄であっても我々がそれを知りたい，認識したい，捉えたいと欲するならばそれらを学びかつ知ることができるということである」。

　　「第二に，したがって社会や自然のなかに貫徹しているとウェーバーが

看做す法則を科学的に捉えることもできることになる。そしてこのような法則を洞察し，因果関係を把握すれば，未来に対する予測も成立することになる。それゆえ，予測と科学的認識に基づく技術とによって社会と自然とを理性的に制御することも可能になる」。

このようにウェーバーは，近代化された社会の基本的特徴として「技術的な手段と計算」とがそれまでのキリスト教のかわりの役割を果たし，これこそが知性化の意味であるとした。長く西洋文化にはびこっていた呪術（魔術）からの解放過程こそがそれであり，そして一般的に科学が結び目として，そして原動力としての一部をなし，「技術と予測」に基づく合理化によってすべての問題を解決に導けるという理解である（Weber 1919, S. 488）。

「技術的な手段と計算」とによって法則が産み出され，それに則って合理的に物事が説明され，理解され，そうした考え方の浸透の下で運営される社会が成立するとすれば，この合理化された社会を貫徹している一定の法則に即して行為することが人々にとっては正しく合理的ということになる。個人の行為それ自体，自己の恒常的規則性を貫徹するものとなるが故に，個人から構成される社会もこうした合理性を満たすよう，法則が一義的に貫徹している社会となる。そしてかかる法則性に従うように行為せず，規定からはみ出してしまうと，その個人はさまざまな経済的不利益を被るし，場合によってはこの社会への親和性を失ってしまう。こうした社会は徹底的な合理化が推し進められているが故に，自然現象における厳格な法則が貫徹されているがごとく，社会・経済体制もそうした性質になってしまう。ウェーバーはこれを社会現象が「モノ」のようになってしまうとする，「絶対的物象化（absolute Versachlichung）」という概念で表した。さらにウェーバーは「合理性」を「形式合理性（formale Rationalität）」と「実質合理性（materiale Rationalität）」とに区別し，近代の合理化過程の結果，形式的には合理的であっても，それは形式合理性の一面的肥大化であって，そこには実質非合理性が介在しているとも論じている（吉田 2005, 65-66 頁）。

　「今日において個別経済は，それが営利経済たるかぎり，経済的關係において自律的であり，ただ経済的觀點だけから態度を決定し，高度の計算合理性を有することを原則とする。かくのごとく合理性が存するとはいうものの，しかしそれは形式的合理性にとどまり，この形式合理性の内部に強烈なる實質非合理性が喰い込んでいる」（Weber 1924, 翻訳書，55 頁）。

　かかる記述からも推測できることは，ウェーバーのいう合理性，つまり実質合理性と正確な計算という意味での形式合理性とは全体として対立するものということである（吉田 2005, 67 頁；Weber 1972, 翻訳書，363 頁）。この両者の関係を前提とするからこそ，ウェーバーの「合理性」を純粋に理解しようとしても，この両者，すなわち「形式合理性」と「実質合理性」との関係性やそれらそのもの自体がどのようなものなのかということが，どうも判然としない部分が拭えない。もちろん何に向けられた合理性なのかという整理はできるであろうが，量的にも質的にも「厳密に」これを理解することは難しい。とはいえ，「世界の呪術からの解放」という意味と「知性化・理性化（Intellektualisierung）」という意味とを包含する合理性の追求という思考は，確かに極めて大きな果実を我々にもたらした。こうした考え方の下，学べることができる「技術」を使った「予測」に基づく合理化が可能になり，（少なくとも物質的には）豊かな社会を作ることができたのである。
　しかし他方では，現代の我々はこの合理性を追求する手法としての極めて「限定的な」科学性に基づいて何かを追求する姿勢になってはいないだろうか？とくに経営学のような学問の性質からすれば，経営学はその多くは事業体である組織を対象として，その組織それ自体やその組織の運営がうまくいくことについて研究する。そうした組織の多くは営利目的を有する組織体であるが故，「営利性」という概念を出発点として，あるいはそれへ向けた理論の構築が目指すべき活動となるだろう。しかしもう一方で，その営利を生み出す原動力たる，そこで活動する人間との関わりという意味での「社会性」という概念もまた切り離して考えられるものではない。そうなると，はたして「社会性」をどこまで科学的に「合理性」概念で説明できるのだろうか。この社会は，ウェーバーが言う「形式合理性の内部に強烈なる實質非合

理性が喰い込んでいる」という状態にある。能率増進的であるが，他面では実質的な非合理性を生じせしめ，非能率な状態を生み出し，そこに生活する人々にとっての桎梏すら作り出してしまう合理化の矛盾（尾高 1975, 33-35頁）は，解消されることなく現代まで「生き残り」，それは形を変えながら具体的な現象としてさまざまな面で顕在化している。価値判断を含まない合理性（目的合理性）の追求を極端に追い求めたがために，世界をよく理解するための手段が先鋭化してしまったり，あるいはその手段そのものが目的化してしまい，「部分最適」の積み上げにしかならなかった事例はそこここに見ることができる。その結果，「合理性」確立のための数値が独り歩きを始めてしまい，「人間が置き去りにされてしまう」状況も生まれている。

　ただ，今後コンピュータが一層発達し，極めて小さな次元にまで事象の相関計算をできるようになれば，経営学にも「自然科学的」法則を広範に適用できる日が来るかもしれない。以下ではそうした可能性について，ヒトの側面から少し触れることにしよう。

Ⅳ.「数値化」のあらわれかた

　我々の社会では，現実を直視し，数字によって目標を立てていく必要があるがゆえにさまざまな場面で統計が使われる。場合によっては（統計の）数字が独り歩きを始め，現実の問題をむしろ見えにくくしてしまうこともあるが（Rey 2016, 翻訳書, 11 頁），統計は正に，「一般化」したといえるだろう。とくに経済学の分野では理論の発展，展開に大きな影響を及ぼし，今では定式化された数学的方法として広く多用されている。

　19 世紀は統計による社会の解読が盛んに行われた時代であるが，とりわけ文学の世界では統計に対する「拒絶」「逃避」といった反応もみられた。しかし同時に，文学界からはトルストイの言にもあるように，「人間の行動は不易の一般法則に則っており，その法則を形にしているのが統計である」との主張も聞こえてきた。これは，多種多様でほとんど気づかないほど些細な物事が複雑に絡み合い，そこで活動する名もなき人々の行動が積み上がって世界を動かす推進力となるという，民主主義的概念の理解そのものである

だろう (Rey 2016, 翻訳書, 253 頁)。

　統計は，数値化によって個々人の行動というミクロな活動をマクロの視点に還元するための手法である。現代では，社会の動向を把握するためのみならず，個人が個人として行う意思決定の際にもさまざまな統計データを利用する。そればかりではなく——ウェーバーが指摘した「合理性に満ちた正しい道」から外れないようにするためなのか——，従来では考えられなかった事柄まで「数値」によるラベリングが行われ，これが利用されている。卑近な例を提示すれば，天候上の風雨の強弱スケール，野菜や果物の糖度，店先に陳列する豆腐の温度と陳列時間，コンピュータ上に表示されるニュースや文章を読み終わるまでの一般的な所用時間，大学入試の偏差値はまだしも，大学での講義も（扱いの程度の差こそあるものの一定の）点数化が行われ，（信ぴょう性の問題はあるものの）就職活動での入社試験の難易度も偏差値化され，それがヒトを計る指標のひとつにまでなる。組織の信用力のみならず個人の信用力も数値化の影響を避けられない。取締役はどの分野の専門性が高いのかを指標で明示されるようになり，また一般従業員のレベルでも能力が数値化される。ネット上での人々のマッチングでは，個人のパーソナリティが一定の指標を用いて表され，個人の信用も信用スコアのようなもので表される。「数値」は我々個人のパーソナリティを剥ぎ取ったものではあるものの，どこまで精緻にはじき出されたものなのかは厳密にはわからない。さらにその意味は受け手により変わるものでもある。しかし，「数値」は個人の活動のみならず，その精神領域にまで入り込んでいるのである。

　ところで，「近代哲学の父」と呼ばれるデカルト (René Descartes) は，「物心二元論」を提唱した。これは方法的懐疑を通じて「思惟」を本質とする精神の存在を確立し，ついで神の存在証明を行い，神の誠実さに訴えて「延長」を本質とする「物体」の存在を確認し，「物心分離」のテーゼを確立するという道筋で論証が構成されている（野家 2015, 71-72 頁）。「物体」と「精神」とは明確に区別され，世界は「物」と「心」という相互に還元不可能な 2 つの実体から構成されるとする「物心二元論」は「物」に対する自然認識を無色無味無音無蝕の世界観で捉え，「機械仕掛けの宇宙」というモデルで説明するのみならずこれを有機体にまで拡張するが，他方では人間だけ

が身体（物体）と精神とを共に備えているとする。ではこの両者は人間の中でどのように結びついているのか。これがデカルトが直面した「心身問題」として知られる難問である（野家 2015, 74-77 頁）。彼は数学や幾何学的な明晰さの概念を用いて，明証，分析，総合，吟味と分類される 4 つの規則を定め使うが，だからこそ「物心二元論」の限界に突き当たったといえる。

　現代科学は物質一元論的な方向に進み，とくに現代哲学では「心的状態は脳状態と同一である」と位置づけることで，デカルト以来の「心身問題」を「心脳問題」として捉え直そうとしている。これは，自然状態から「心」や「感覚的性質」を排除し，現象を延長物体の機械的メカニズムによって説明しようとする物質一元論的な思考，すなわち，その背後に有機体を無機質なものに置き換える意思がある。それゆえに自然観も機械論的になるし，同時にその自然観そのものも質的なものから量的なものへと変えていかなければ成立しない考え方であるが，生命体としての特徴を剥ぎ取り，無機質化することで分析，整理，再構築を可能にする枠組みである。その意味では「物心二元論」の限界を乗り越える試みにつながってゆくものである。

　もちろんのこと，「脳を持たないコンピュータは心を持ち得ない」ので，心脳同一説は「心」を多様なハードウェアによって実現可能なコンピュータのプログラムになぞらえる。これは，心とは脳細胞のみならずシリコンチップなどの多様な物理的状態によって実現される機能状態と考える「機能主義」の立場である（野家 2015, 78-79 頁）。

　この数年で AI 技術[2]は機械学習の技術を得て著しく発展した。またカメラや画像処理技術の向上も，「認知」の技術を非常に高いレベルに引き上げた。その結果，例えば「「こころを視る」ことで人を知る技術」の開発も進められている。岡田らの研究では，センシング手法によって収集した生体情報を用いて人間関係の状態モデルを一般化する技術によって，自身や他人のこころを知ることで人間関係を良好にし，不用な争いや軋轢を解消しうるとして，他者理解と共感の創発的コミュニティを当然とするウルトラダイバシティ社会が実現されるとしている（岡田他 2021, 695-701 頁）[3]。

　バイオ技術の発展も新たな段階に入っている。まだ科学的証明はできていないものの，「ヒトのあらゆる部分は，ほかのどの部分にでも変えられる可

能性を秘めている——全身を含めて——」といわれる。実際，部分的ではあるが 2017 年の段階でヒトの腕から採取された細胞を培養することで「ミニ」脳を作り出す実験は成功している。それは接続し合って密なネットワークをつくり，本物のニューロンと同じく互いに信号を送り合うことができたということである（Ball 2019, 翻訳書，14-15 頁）。

　「埋込サイボーグ技術」の社会的実装についても議論されている。この技術を利用することによって身体的制約にとらわれることなく，社会において自らが希求する役割を果たすことで平準化され，共有された能力を超える創造性を発揮することに挑戦できるとされ，そのため，精神機能と身体機能とに分類した上で，身体の一部を医療的に補綴あるいは機能拡張の可能性が議論されている。ここでは体外に装着する非侵襲デバイスとして迷走神経刺激療法（VNS）や，ブレインコンピューティングインターフェース（BCI）などが「精神機能拡張」に利用できるとされている他，侵襲デバイスを用いた「身体機能拡張」を可能とするデバイスを埋め込むことで「なりたい自分」になれる，とされる（藤原他 2021, 674-683 頁）。少子高齢化が進む日本経済を支える技術として，労働現場での拡張的利用も考えられている。

Ⅴ．むすびにかえて

　企業経営にかかわる事象の歴史の振り返りから分かることは，それがこんにちの経済合理主義，すなわち計算に立脚する合理主義の歴史にほかならないということである。事象の「定量化」を通じて「明瞭性」「客観性」「再現性」を確保し，ものごとの「価値」を算定し，「定義化」を導出するためにも，一層の「数値化」は不可避である。

　とはいえ，最先端の脳科学においても，その「数値化」を通じた「合理性」の到達点は脳状態と心的状態との対応関係を確立し，その精密化を推し進めるにとどまっているし，バイオテクノロジーの分野でも総合的にヒトに置き換わる何かを創り出すことは不可能であるという理解が一般的である。

　もちろんのこと，コンピュータが著しく発達し，非合理性も合理性に置き換えられるような世界がやってくれば，世界は変わるかもしれない。対象物

の要素を徹底的に小さなものに還元していき，それを再構築する手法が非常に高い精度で可能になったことで，いままで把握できなかったものを掴み取ることができるようになるかもしれない。

　このような社会が到来すれば，企業経営の現場にさまざまな形で存在するヒトの領域で起きている問題を「合理的に」解決できるようになる。ただ，そうした社会が持つもう一方の側面，すなわち「絶対的物象化」が確立した社会では，プレイヤー全てが合理的であるだろうからビジネスの種は見つかりにくくなるだろうし，仮に業績面では「うまくいっている」職場だとしても，「楽しく」働ける空間ではないだろう。したがって，従業員の幸せに繋がりにくいということになるがゆえに「うまくいっている」とはいえないだろう。総合的に「うまくいく」ためにどのような手法が妥当なのかを探求するのが経営学に課された基本的な方向性であるとすれば，これは「うまくない」ということになる。科学としての「経営学」が，「明瞭性」「客観性」「再現性」を確保し，法則を導き出すために無軌道な「数値化」に向かうとすれば，それは学問のための学問に陥る危険性を孕む。誰のための，そしてどのような「経営学」なのか，という基本的な問題意識に立ち返って考えてみる必要は常に残されている。

注

1）さまざまなものの量や価値を表すためには「数＝数字」が使われる。これは「数量化（quantification）」という思考の手続きであり，Rey はこれを「我々は世界を数字化（nombrification）していると表した。数字とは，一方では数そのものを「文字」として表したものである。他方，統計・計算・成績など，数字によって「ある事柄を表すもの」の場合もある。このような場面では，数（字）という概念を把握する際には，数とは「ものの数」ではなく，数は物の個数に対応したモノと見る。また，「計数化：デジタル化」を意味する「numérisation＝digitization」は，情報の処理のためにデータをコード化することである。そのときに0と1とは，数字のように見えても二進法を表すための2つの記号に過ぎない。したがって，0と1との代わりに□と▽などの記号を使っても良いのではあるが，0と1という数字を使うのは「計数化」より以前に世界が「数字化」していたことに起因する。本稿では「ある事柄を表すものとして使われるのが「数（字）」」という認識に基づき，「数（字）」を使ってある事柄を表すことを「数字化（＝数値化）」と位置付けて小論を展開する。

2）AIとAI技術は全く違うものである。新井紀子によれば「AI技術」は，AIを実現するために開発されているさまざまな技術を指すものであり，AI（人工知能）はまだどこにも存在していないし，実現には2つの方法論しかないが，そのどちらも「人間の知的活動をリアルに測定する方法がないこと」ならびに「工学優位で実現できるかもしれないがだからといってそれを数学的

に証明することに膨大なコストがかかる」という理由から実現は不可能であると結論づけている。またディープラーニングなどの統計的手法の延長でも，「統計」が持つ数学の方法論そのものに限界があるため，AI は実現できないとしている。新井（2018）に詳しい。

3）この他にも，有史以来蓄積された知識を統合し，現代的文脈や個々人に合わせたチューニングを施し，現代社会を生きる個々人の心の理想状態を作りだすことや多次元感情空間マッピングと感情遷移モデルによる心の可視化を通じた Psyche Navigation System 構想など，今までは数値的に把握することが不可能であった事柄も，デジタル技術を介して把握することが試みられている。

参考文献

Ball, P. (2019), *How to Grow a Human: Adventures in Who We Are and How We Are Made*, William Collins.（桐谷知未訳『人口培養された脳は「誰」なのか』原書房，2020 年。）

Kocka, J. (2017), *Geschichte des Kapitalismus*, 3. Überarbeite Aufl, C. H. Beck.（山井敏章訳『資本主義の歴史』人文書院，2018 年。）

Rey, O. (2016), *Quand le monde s'est fait nombre*, Stock.（池畑奈央子監訳／原俊彦監修『統計の歴史』原書房，2020 年。）

Weber, M. (1919), "Wissenschaft als Beruf," *Kröners Taschenbuchausgabe; Band 233*, ALFRED KRÖNER VERLAG, STUTTGART.

Weber, M. (1924), "*Wirtschaftsgeschichte. Abriss der universalen Sozial-und Wirtschaftsgeschichte*," aus den nachgelassenen Vorlesungen herausgegeben von Prof. s. Hellmann und Dr. M. Palyi, 2te Auflage, Müchen und Leipzig.（黒正厳・青山秀夫訳『一般社会経済史要論（上・下巻）』岩波書店，1954 年。）

Weber, M. (1972), "Soziologische Grundkategorien des Wirtschaftens" in: *Wirschaft und Gesellsvhaft*, 5te Aufl., herausgegeben v. Johannes Winckelmann, Tübingen: J.C.B. Mohr.（富永健一訳「経済行為の社会学的基礎範疇」尾高邦雄責任編集『世界の名著 50』中央公論社，1975 年。）

新井紀子（2018），『AI vs 教科書が読めない子どもたち』東洋経済新報社。

岡田志保・西原陽子・山浦一保・王天一・塩澤成弘・辻涼平（2021），「こころを視て人を知る新しい技術の展望」『人工知能』No. 6，人工知能学会。

尾高邦雄（1975），「マックス・ウェーバー」尾高邦雄責任編集『世界の名著 50』中央公論社。

風間信隆（2021），「経営合理性の歴史的展開と経営学史」経営学史学会監修／風間信隆編著『合理性から読み解く経営学（経営学史叢書第Ⅱ期 第 4 巻 合理性）』文眞堂。

上林憲雄（2021），「人間はいかに捉えられてきたか」経営学史学会監修／上林憲雄編著『人間と経営（経営学史叢書第Ⅱ期 第 3 巻 人間性）』文眞堂。

野家啓一（2015），『科学哲学への招待』筑摩書房。

藤原幸一・藤田卓仙・山川俊貴・久保孝富・日永田智絵・桐山遥子・川島浩誉・川治徹真・野田隼人・田畑淳（2021），「埋込サイボーグ技術の社会実装に係る技術・社会的課題」『人工知能』No. 6，人工知能学会。

村上陽一郎（2021），『科学史・科学哲学入門』講談社。

吉田浩（2005），「マックス・ウェーバーにおける『形式合理性』と『実質合理性』との二律背反関係について：ウェーバー合理化論の批判的検討」『徳島大学社会科学研究』第 18 号。

吉田洋一・赤攝也（2013），『数学序説』筑摩書房。

2　対話的経営学史の試み

山　縣　正　幸

I．はじめに

　経営学が実践的な要請から生まれたことは，その歴史的展開を見れば明らかである。もちろん，実践的な要請といっても，企業を経営する立場からの要請だけではなく，異なる利害や姿勢を持つ別主体の側からの実践的要請もある。いずれにしても，経営実践との密接な関係のなかで，経営学は展開されてきた。その際，直接的に有用な"処方箋"を提示するだけでなく，より鳥瞰的な視座から経営実践を捉えることもまた欠かせない。ここに，経営"学"の必要性がある。

　そう考えれば，経営学史は実践的な展開と，それに対する実践把捉の展開という2つの流れを，並行的に，同時にその相互の関わり合いの展開を意識しながら描き出すところに，一つの重要な役割がある。経営学史というアプローチは，この「視座の拡張と展開」のダイナミクスをメタレベルから描き出すことのみならず，このダイナミクスに自ら参入していくことで，よりその内容を豊かにすることが可能になると考えられる。このあたりは，考え方として提唱されながらも，十分に深められてこなかった。

　本稿においては，この点についての方法論的な考察を試みる。これを通じて，「視座の拡張と展開のダイナミクス」に参画しつつ，それを内在的に描き出すところに経営学史の新たな可能性を探ってみたい。[1]

Ⅱ．経営学史とは，どのような内容を持つのか
——そのアプローチの整理——

　さて，経営学史とは何か。きわめて簡単に捉えるならば，「経営学における理論や概念枠組，研究成果の歴史的蓄積」ということができる。その対象は，経営をめぐる学説ということになる。ここでの"学説"とは体系的・理論的なものだけをさすのではなく，実証研究なども含んでいる。その方法は多様であるにせよ，学問としての姿勢に立脚し，学問的手順を踏んでいる言説を，ひとまず学説と呼んでおく。

　では，そういった経営学説，さらにその歴史的蓄積を対象とする経営学史とは，何のために存在しているのか。どんなアプローチがあるのか。本節では，この点について考える。これに関しては，例えば田中（1998）や海道（1988），森（1993），さらに榊原（1994）や永田（1999）など，さまざまな論者によって考察がなされてきた。こういった先行研究を踏まえつつ，本節では山縣（2019）を踏まえて，経営学史において考えられうるアプローチを整理する。

- (a)　文献史的解明／文献考証
- (b)　学説批判（内容分析）
- (c)　学説提唱者の哲学的・社会科学方法論的基礎の解明
- (d)　社会経済的背景との関係性分析
- (e)　当時の企業経営の実態との関係性分析
- (f)　経営思想（経営実践を方向づける諸観念・諸思想）との関係性分析
- (g)　先行学説／同時代の学説との関係性分析
- (h)　以上の研究から導出される認識視座／現代的な援用可能性の提示

　それぞれ，ごく簡単にではあるが，見ておこう。

　(a)は，考察対象としての学説を文献として整えることである。経営学史研究の主たる対象が経営学説であることは明白である。となれば，その対象がどのようなものであるかを見定めることは，経営学史研究の起点となる。この点に関して，現代の学説であれば，印刷媒体としても，またデータとし

ても保存・公開されているので，そのあたりを心配する必要は少ない。しかし，岡本（2018, 361 頁）も指摘するように，19 世紀の文献のなかにはタイトルだけが知られ，その実物を確認できないものもある。また，電子公開がこれから一般化してくると，データ喪失によって研究成果が消えてしまう危険性もないわけではない。また，口頭講演などが対象となることもありうる。その点で，経営をめぐる言説の"文献"考証は経営学史研究の基礎作業として欠かせない。

　さらに，書誌学的な準備だけでなく，文献の版の更新による内容の変化を確認していくことも文献考証として重要である。版の更新によって学説内容が大きく変化することは，珍しくない。内容そのものの検討は(b)と重なるが，何がどう更新されたのかを明確化することも，経営学史研究における対象設定の基礎作業である。

　(b)は学説そのものの内容を考察の対象とすることであり，"学説史"の基盤である。この学説批判は，それ自体が目的となるのではない。自らの思考枠組を構築するためであったり，あるいは学界に当該学説の批判的考察を提示することで，知見を共有するためであったりといった，その先の狙いが存在する。とはいえ，まずはその学説を精緻に読み解く過程が欠かせないことはいうまでもない。その点で，(b)が経営学史にとってコアとなることは明らかだろう。

　さらに，(a)においても言及した版の更新による内容の変化という点も，学説研究さらに学史研究にとって重要な意味を持つ。特に，版の更新による内容変更は，その研究者が接した社会経済状況や経営実践の変化，自らの学説に対する批判などへの対応といった側面を含んでいる。

　(c)〜(f)は，学説そのものについての解明ではないが，その学説が拠って立つところを明らかにしようとする点で重要である。経営学を含む社会科学においては，同じような事象を対象としながらも，学説として相違が生じうる。そこに意識的あるいは無意識的に反映されているのが，その学説提唱者の哲学的・社会科学方法論的な基礎姿勢である。この点を明らかにするのが，(c)である。(d)(e)(f)は，その学説提唱者がいかなる社会経済的背景のもとにあったのか，どのように経営実践と接し，捉えていたのか，さらに当時あ

るいはそれ以前のいかなる経営思想に影響を受けていたのかを明らかにしようとするものである。これら(c)～(f)は，その学説の根底にある視座・視角を浮き彫りにする。たとえば，Aという学説とBという学説を比較しながら検討するとしても，その根底にある視座や視覚を意識せずに，表層の言明だけで比較したところで，実り少ない"空中戦"に終わってしまうか，あるいは対立構造にない学説どうしを，さも対立的関係にあるかのように描き出してしまう。

　(g)は，当該学説の学史的な位置づけといえる。学史的な位置づけとは，問題意識や方法といった何らかの共通軸にもとづいて，その学説を他の学説と関係づけることである。そうすることによって，それぞれの視座からの学史が描き出されることになる。レビューというのは，(b)と(g)が結びついたものとして位置づけうるであろう。

　経営学史研究がもたらしうる一つの帰結が，(h)である。これは，海道(2017)が経営学史の役割の3つのうちの(3)現実の問題の解明として提示していた点を敷衍したものである。経営学説において提示される諸概念，あるいは概念枠組はその経営学説が捉えようとする事象と深くかかわる。したがって，その事象が根ざす歴史的な個別特殊性に規定される側面を持つ。同時にその諸概念ないし概念枠組は，もともとの歴史的な個別特殊性を超えて援用しうる可能性も有している。経営学史が経営をめぐる思考ないし概念枠組の蓄積であるとするならば，それを現代的な課題に対して，どのように援用しうるかを考えることは，きわめて重要な意義を持つ。

　この点に関して，示唆を与えてくれるのが，日本における経営学史研究において始祖的な位置にある池内信行である。ことに，池内が提唱した問題自覚的方法という姿勢は，今述べた(h)を試みていく際の基礎ともなる。次節で考察しよう。

Ⅲ．問題自覚的方法と創造型——池内信行の経営学史方法論[3]——

　池内信行は，コロンビア大学，そしてその後，ベルリン大学でゾンバルト(W. Sombart)のもとで学び，さらにベルリン商科大学においてニックリッ

シュ（H. Nicklisch）にも師事した。マンハイム（K. Mannheim）の知識社会学を基盤として，経営をめぐるさまざまな学説を社会経済的背景や経営の実態と関連づけながら解明し，さらに新たな学説の形成に活かそうとした。そのためにも，池内は経営学（経営経済学）の建設には，経営学史（経営経済学史）の構築が不可欠であるという立場を貫いた。その際，経営学と経営学史を別個のものとして捉えるのではなく，それぞれが自律性をもちながらも不可分の関係にあるという点を強調する。彼の主張の骨子は，過去の学説をその生成にさかのぼって意義を明らかにし，そこから現在直面する課題の克服に活かすことが何より重要だというものである。そこで登場するのが，"発生の論理""主体の論理"である。これにもとづいて，実践を捉えることを重視する。そして，企業をめぐる実践から生まれた経営学の諸学説もまた，それらが発生した社会経済的地盤と主体に内在する観点や論理が結びついたところに生まれるという視座を，池内は提示した。

　池内（1949b）によれば，「社会は単なる対象的存在につきるものではなくして社会は人間によって作られてゆく主体的存在の世界」（22頁）であり，「人間はその時に住む世界にたいして実践的な存在関係」（23頁）を持つ。つまり，主体としての人間と客体としての社会は対立しつつも，究極的には関係しあい，結びついて，全体が動的に展開されているという理解に立脚している。かくして，「社会科学は，認識そのものがそうであるごとくに生活実践そのものの中からしかも矛盾の解明を契機として生まれ且つ生長するのであって，社会科学が種々なる科学にわかれていくのも所詮生活実践そのものの分化に由来するとみねばならぬ。認識がまずあって実践が形づくられるのではなく，実践が最初にあり，その一環として認識が成立する」（8頁）という学問観が提示される。ここで留意しておきたいのは，池内が社会経済的地盤を重視しているからといって，いわゆる決定論に立脚しているわけではないという点である。あくまでも「客体と主体の立体的な関係において行為をとおして統一され」（61頁）るという点を池内は強調する。そこから「つくられた客体とつくる主体が行為をとおして立体的に統合されたものが生活である」（62頁）という見解を導き出す。

　かかる理解に立って，池内はヴェーバー（M. Weber）の理念型（池内

はこれを「理想型」と訳出している）に替えて，“創造型”という概念を
打ち出す（池内 1949a, 20 頁）。彼にとって，社会科学の立場は「根本に
おいて実践的，創造的」であるべきものであった（池内 1949b, 242 頁）。
創造型という概念の最大の特徴は，主体が直面している問題をその問題性
（Problematik）において捉えるという点にある（池内 1949a, 21 頁）。これ
は，先に触れた“人間がそのときに住む世界に対してもつ実践的な存在関
係”において生じている問題を，その背景と切り離すことなく捉えるという
意味として理解できる。池内は，ヴェーバーの理念型概念を否定したのでは
なく，それを補完しようとしたわけである。このような姿勢を，池内は問題
自覚的方法と称している。

　池内の方法論を論じる際にしばしば採りあげられる“主体の論理”は，こ
の問題自覚的方法とつながる。池内が展開した“主体の論理”とは，対象
それ自体に深く入り込み，それがいかなる実践的存在関係に規定されて生活
している＝「在る」のかを捉えたうえで，認識を創り出していくという姿勢
である。社会科学における認識は単なる“観想”としてではなく，“実践”
において生み出されると池内が強調した点は留意されるべきであろう。これ
は，現象学やその後に展開される現象学的社会学，さらには社会構成主義な
どと近い。

　この考え方に立てば，これまでに提唱された学説を採りあげる際にも，
「過去を跡づけながらもそこには常に現在が躍如として動いて」（池内 1942,
163 頁）いなければならない。となれば，経営学史も実践とのかかわりのな
かで，つねに構築されつづける必要がある。それゆえにこそ，池内の主張す
る経営学史は，学説とその動機たる実践との歴史的因果の解明からもさらに
進んで，対象における論理（池内 1949a, 246-247 頁）を酌み取ることによっ
て，新たな理論構築をめざす“主体の論理”に行きついた。池内が“主体の
論理”を強調したのは，理論を構築していこうとする試みそれ自体が実践に
根ざすものであるという理解に立脚していたからである。

　にもかかわらず，池内が提唱した問題自覚的方法や創造型といった概念
が，彼自身によって深められることはなかった。しかし，視点を変えれば，
ここにこそ池内の学史方法論の将来的な可能性が潜んでいるともいえる。

Ⅳ．経営学史において"対話する"とは，いかなる謂いか

　問題自覚的とは，第3節でも言及したように，"人間がそのときに住む世界に対してもつ実践的な存在関係"において生じている問題を，その背景と切り離すことなく捉えるという姿勢である。この姿勢を研究として具体的に推し進めるためには，どのような方法がありうるのか。ここでは，対話的な経営学史というアプローチの可能性について考えてみたい。

1．経営学史の生態

　そもそも，経営学史は，経営をめぐる現象の生態系においてどのように存在しうるのか。言うまでもないことだが，経営学は経営実践なくしてはありえない。多種多様に現象する経営実践に対して，どのようにそれを観察し，調査・分析し，考察するのかが経営をめぐる学問ということになる。その際，現象の個別特殊性がきわめて高い経営現象においては，普遍的な理論言明を提示することが難しい点に留意する必要がある。⁶⁾

　加えて，経営学においてはいわゆる研究者による経営実践の客体的考察とともに，実践者による経営"理論"や経営"思想"の提示も少なくない。実際，テイラー（F. W. Taylor）にせよ，メイヨー（E. Mayo）にせよ，バーナード（C. I. Barnard）にせよ，いずれも実践者からの発信であった。⁷⁾ドイツ語圏における経営学においては，少なくとも商科大学の設立以降，研究者による客体的考察が主となってきたが，シュマーレンバッハ（E. Schmalenbach）にしても，ニックリッシュにしても，経営実践と深く向き合ったうえで学説を提示してきた。その意味で，経営実践とかかわりなく提示されてきた経営学説というのは稀である。このように，経営実践と経営学説はつねに何らかのかたちで応答しあいながら展開されてきた。⁸⁾この応答を仮に図式化すると，以下の図1から図3のように描き出せる。

　問題は，こういった経営をめぐる実践や言説がどのようにかかわりあい，応答しあうのかという点である。その手掛かりをさぐってみたい。

図1 経営学説の対話的形成プロセス：研究者からの学説提示

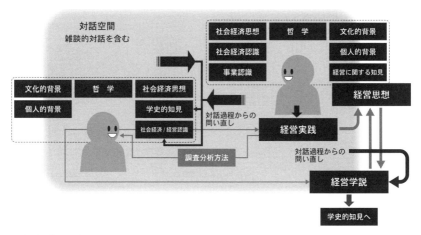

出所：筆者作成。

図2 経営学説の対話的形成プロセス：実践者からの学説提示

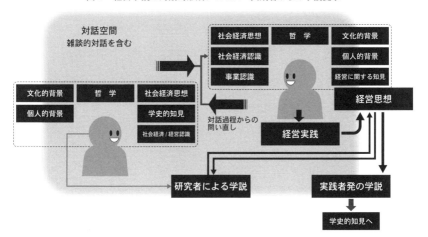

出所：筆者作成。

図3　経営学説の対話的形成プロセス：相互応答を含む学説提示

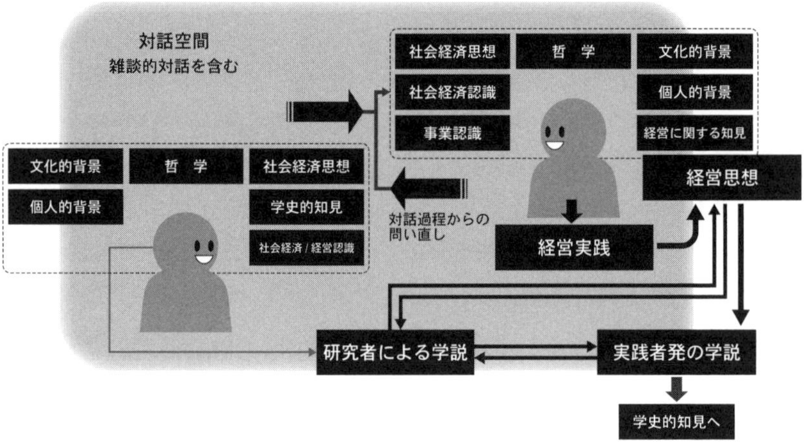

出所：筆者作成。

2．実践とのかかわり方としての
アクション・リサーチ／臨床的アプローチ

　前節で言及した池内にしても，実践の「主体の論理」を重視したが，実際に池内が実践者の「主体の論理」に深く入り込もうとしたかというと，少なくとも彼の研究業績のなかからそれを窺い知ることはできない。

　この点について，明確に方法として打ち出したのはレヴィン（K. Lewin）である。このレヴィンの業績について，アージリス（Argyris 1993）は(1)現実世界の問題を研究する科学として社会科学を定立し，すべての問題を理論と結びつけて，理論と実践を統合した，(2)全体を描き出し，そのうえで部分を区別するよう，研究のあり方をデザインした，(3)特に介入者としての研究者という立場から，また何であれ対象を理解するにはそれを変えてみなくてはならないという考え方を踏まえて，個別事例の一般化と理解に役立つ構成概念をつくった，(4)社会科学を民主主義に仕えるものと位置づけることに情熱を傾け，研究される側の役割を被験者ではなく，クライアントに変え，できる限りその生活の質を向上させ，確かな知識へと導く手助けをしようとした，という4つの点に要約している（Coghlan and

Brannick 2014=2021，翻訳書，69 頁参照）。この流れがアクション・リサーチ（Action Research）というかたちで展開されることになる。アクション・リサーチとは，学者・研究者が企業をはじめとする実践に直接的にかかわることによって，当事者として問題解決に貢献しようとする方法である。より協同的実践に深く関与する場合に，グループ・ダイナミクスと称することもある（杉万 2013）。経営学ではないが，矢守（2010, 2018）による方法論的な考察が提示されているほか，経営学にかかわるところでは Coghlan and Brannick（2014）が翻訳されるなど，数は多くないが，日本でも考察するための手掛かりが徐々に増えている。ドイツ語圏の経営学史をみると，1970年代半ば以降になってこの考え方が導入され始める。ことに，キルシュ（W. Kirsch）は早くからアクション・リサーチの重要性を主張していた（Kirsch 1977；渡辺 2000, 2022）。ただ，それは重要性の提唱にとどまっていたのも事実である。

　こういった流れを，近年，臨床的（clinical）アプローチあるいは臨床経営学という名称で展開しようとする動きもある。経営行動科学学会の機関誌『経営行動科学』第 33 巻第 3 号（2022 年 3 月）では「経営学と臨床」という特集が組まれている。そのなかで，江夏（2022）は経営学における臨床を「ある対象における問題の定義や解決を行うための，外部専門家による，経営学の専門的知識を用いた，直接的で深い介入」（65 頁）と規定している。そのうえで，テイラーやファヨール，さらにはホーソン実験に言及しつつ，「関係性に埋め込まれた科学的知識」「研究者にとっての実務的有用性」「経営学的知識における権力性」という 3 つの視点から経営学と臨床を考えるための基礎的視角を示している。江夏（2022, 72 頁）によれば，ここで重要になるのが観察対象の当事者の主体性や，ローカルな文脈に埋め込まれた彼らの知識の最大限の尊重である。しかも，当事者の知識には，当事者が研究者と接点を持つ前に有していたものに加え，研究者とのかかわりのなかで創出されたものも含まれる。この点を踏まえて，ギアーツ（C. Geertz）の解釈学的人類学のアプローチなどがもたらす可能性に言及している。

　この臨床アプローチにおいて重要なのは，単なる参与観察ではなく，研究者と当事者は，当事者の何らかの問題解決のために協働する関係にあるとい

う点である（江夏 2022, 72頁）。その協働のプロセスのなかで，当事者の主体性も生起してくる。この協働プロセスは協同的問題解決というかたちをとることもあるし，伊藤・福本（2021）や伊藤（2022）が論じているようなことばの交換／対話というかたちをとることもある。それらが融合することも当然に考えられる[9]。では，こういったアプローチは経営学史にとって，どう活かしうるのか。

3．対話的経営学史の可能性

　この点について，有益な示唆を与えてくれるのが，Kubicek（1977）の試みである。クビチェクは，批判的合理主義に立脚しつつも，とりわけ対象となる現象の歴史的個別性や一回性が重要な意味をもつ経営学（経営経済学）との特質とを照らし合わせて，現象学的社会学などの視点を摂り込んでいる点がきわめて興味深い。そこには，研究者が考察しようとする局面を選択することで，対象となる現象の全体的統一性を破壊してしまう危険性がある（Kubicek 1977, S. 20）。そこで，彼は社会学におけるリサーチ・メソッドをめぐる議論を踏まえつつ，理論的言明の構築とその例示的な意味づけを獲得し，活用する構築戦略（Konstruktionsstrategie）を提唱する。ここで重視されているのは仮説のテストよりも，「現実に即して，理論的に導かれた問い」が認識進歩をもたらす手段となるという点である（Kubicek 1977, S. 14）。この「理論的に導かれた問い」は，(1)一般的なものとして捉えられている問題を定義するための視座の定式化によって，研究者の事前理解（Vorverständnis）を明示する，(2)実際に，その問題に直面している人と研究者が個人的な接点をもち，ヒューリスティックな研究デザインにもとづいて，経験的知識を獲得する，(3)獲得された経験的知識の理論的な概念や仮定などによる分析を通じて，当初のフレームワークを超えて，新しい仮定や問い，解釈パターンが導き出されるという3段階から導出される[10]（Kubicek 1977, S. 14f.）。

　ここでは，フレームワークや研究デザインのヒューリスティックな潜在的可能性ないし能力を高めることが重視されている。その方法として挙げられているのが，実践者との対話である（Kubicek 1977, S. 24）。対話は，コミュ

ニケーションを通じた社会的プロセスである。その際，クビチェクはそれぞれに異なった経験の背景を持つ対話のパートナー（実践者）から経験的知識を獲得するためのインタビューなど，具体的なリサーチ・メソッドを含むグループ・ダイナミクスのアプローチに着目している。対話パートナーは情報提供者という伝統的な役割と同時に，研究プロセスの経過に対して共に影響を及ぼす研究主体という自立した役割をも担うことになる（Kubicek 1977, S. 27）。このあたりは臨床的アプローチと近いところにある。ただ，クビチェクの試みは後続を得ることなく途切れてしまった[11]。

　別の流れとして注目すべきものの一つに，社会構成主義の観点に立って実践者との対話を重ねている宇田川（2018）の「物語る経営学史研究」というアプローチがある。このアプローチとかかわりつつ，宇田川が経営実践との対話のなかで生み出していったナラティヴ・アプローチ（宇田川 2019）や，そこでの諸概念，たとえば「組織の慢性疾患」（宇田川 2021）などは，まさに対話的な経営学史研究の一つの成果と位置づけられよう。

　さらに，フォレット学説の研究とともに，東日本大震災からの復興プロセスのなかでの中小企業経営者との対話や協働的実践を通じて，解釈学に立脚して「一人称の経営学」の構築を図ろうとする杉田（2021）の企ても，対話のプロセスを通じて認識の枠組を更新し続ける試みといえよう。こういった試みに，対話的な経営学史の可能性を見出すことができる。

Ｖ．おわりに

　本報告では，実践的視座と理論的視座の架橋という観点から，経営学史の可能性について考察した。この観点それ自体は，日本において経営学史という研究アプローチが確立されたころから意識されていた。池内信行が提唱した問題自覚的方法は，まさにその一つである。池内が提唱した方法は現象学にも多くを依存している。その点で，近年の現象学的社会学や社会構成主義との近接性も認められる。ただ，方向性の提唱にとどまったのも事実であった。それが，最近になって具体的な研究としても現れてきた。臨床的アプローチや対話的アプローチは，この方向性を具現化するものとして大きな意

義を持つ。[12)]

　経営学史は，多くの場合，その対象が原理的な研究であるにせよ，また実証研究であるにせよ，その概念枠組や方法，そしてその学史的意義を問う。そして，学問の流れのなかに位置づけることを試みる。つまり，学史とはその学問領域の知見，そして視座の展開そのものである。経営学史的アプローチを採るというとき，それは経営をめぐるさまざまな研究ないし学説を時間的，そして空間的に布置（constellation）することをさす。経営学における個々の専門領域についての学史と同時に，それを広い意味での経営学に位置づけることができていれば，なお好ましい。その際には，つねに経験との突き合わせが欠かせない。研究者と当事者はそれぞれに自律的である。それは，孤立的であることとは別儀である。臨床的ないし対話的なアプローチによって，経営学史は実践と理論との架橋の一つとしての役割を持つことができる。そこに，これからの経営学史の大きな可能性がある。

注
1）なお，本稿はドイツ語圏の経営学史研究をベースにしているために，英語圏の経営学史研究を
　ベースにした経営学史方法論については十分にカバーしきれていない。この点，あらかじめお断
　りし，ご諒恕を請う次第である。
2）この経営という概念に関しても，多様な理解がある。ここでは，ドイツ経営学における伝統と，
　それを拡張しようとした高田（1978）に倣って，「価値の流れ」「人間協働」「その基礎づけや方
　向づけ」の3点から，経営という実践を捉える。なお，「（価値の流れや人間協働の）基礎づけと
　方向づけ」に関しては，高田（1978）は経営目的という概念を宛てている。
3）本節の叙述は，論旨展開の関係上，山縣（2019）と重複する。ご理解を賜りたい。
4）"主体の論理"という考え方それ自体は，池内だけでなく，山本安次郎によっても主張されてい
　る。池内と山本のあいだには見解の相違がある。対象それ自体の内在的な実践論理に即して，よ
　り厳密には対象それ自体に「なりきって」捉えようとする点については，両者において共通して
　いる。表層的には，池内が新カント派的な経験対象と認識対象という視座に立脚しているのに対
　して，山本はそれを超克するべく西田幾多郎の哲学に依拠している点に両者の相違が認められる。
5）ただし，池内は1955年から1964年まで関西学院大学産業研究所の所長として，企業や経済に
　関する実態調査・分析のプロジェクトを数多く展開し，編著者として統括にあたった。1964年
　に定年で大阪経済大学に転任してからも，同大学経営研究所（現・同大学中小企業・経営研究所）
　の創設に携わり，所長も務めるなど，プロジェクト・リーダーとして実践に向き合っている。
6）この点で，Merton（1968）が提示した中範囲の理論は重要な意義をもつ。
7）こういった事象は経営に限らず，たとえば建築や芸術など人間の"わざ（art）"に結びつく領
　域において多く見られる。
8）加藤勝康によるバーナードの The Function of the Executive の形成過程の探究は，こういっ
　た文献の資史料の丹念な追跡によるもので，学史方法論としても重要な意義を有している（加藤

1996)。さらに，梶脇（2013）はドイツにおける経営学と実践とのかかわりに関する議論の動向を詳細に検討し，梶脇（2018）において経営学史研究と実践との対話の重要性を強調している。
9）紙幅の関係上，触れるにとどまるが，石原（2007）において述べられている石原自身の研究系譜はこの方法を先駆的に示している。石原自身は自らのアプローチを特に命名していないが，「エスニック・アプローチ」（石原 2007, 44-45 頁）という表現がみられる。
10）クビチェクは，ここにおいてパース（C. S. Peirce）に言及していないが，この問題を考えるうえでパースが提唱したアブダクション（abduction；仮説推論）という発想は不可欠となろう。
11）あるいは，ブライヒャー（K. Bleicher）が Zeitschrift für Organisation において展開した企業政策や経営戦略，企業体制や組織構造，企業文化などについて連続的なインタビューなどが『統合的マネジメント構想』（Bleicher 1991, 2017）に結実したとするならば，対話的なアプローチからの概念枠組構築への展開として位置づけることができるかもしれない。ただ，方法論的に深められたわけではない。
12）さらに，最近の歴史学における方法論的進展も視野に入れておく必要があろう。学会報告においては，ギンズブルグやクラカウアーを参照したが，ひとまずここでは池上俊一（2022）を挙げておく。この点については，別途考察の機会を得たい。

参考文献

Argyris, C. (1993), *Knowledge for Action*, Jossey-Bass.
Bleicher, K. (1991), *Das Konzept integriertes Management*, 1. Aufl., Frankfurt am Main / New York (9. Aufl., 2017).
Coghlan, D. and Brannick, T. (2014), *Doing Action Research in Your Own Organization*, 4th ed., Sage Publication.（永田素彦・高瀬進・川村尚也監訳『実践アクションリサーチ——自分自身の組織を変える——』碩学社，2021 年。）
Kirsch, W. (1977), *Die Betriebswirtschaftslehre als Führungslehre*, München.
Kubicek, H. (1977), Heuristische Bezugsrahmen und heuristisch angelegt Forschungsdesigns als Elemente einer Konstruktionsstrategie empirischer Forschung, in: Köhler, R. (Hrsg.): *Empirische und handlungs theoretische Forschungskonzeptionen in der Betriebswirtschaftslehre*, Stuttgart, SS. 3-36.
Mayo, E. (1960), *The Human Problems of an Industrial Civilization*, The MacMillan (1st ed., 1933).（村本栄一訳『新訳 産業文明における人間問題——ホーソン実験とその展開——』日本能率協会，1967 年。）
Merton, R. K. (1968), *Social Theory and Social Structure*, Free Press.（森東吾他訳『社会理論と社会構造』みすず書房，1961 年。）
池内信行（1942），『経営経済学の基本問題』理想社。
池内信行（1949a），『経営経済学史』理想社（増補版1955年）。
池内信行（1949b），『社会科学方法論』理想社。
池上俊一（2022），『歴史学の作法』東京大学出版会。
石原武政（2007），『「論理的」思考のすすめ——感覚に導かれる論理——』有斐閣。
伊藤智明（2022），「苦悩する連続起業家とパートナーシップ生成——二人称的アプローチに基づく省察の追跡——」『経営行動科学』第 33 巻第 3 号，119-141 頁。
伊藤智明・福本俊樹（2021），「起業家と研究者の関わり合い——起業家研究の方法としての二人称アプローチと共愉的な道具——」『企業家研究』第 18 号，23-40 頁。
宇田川元一（2018），「物語る経営学史研究」経営学史学会編『経営学史研究の挑戦（経営学史学会年報 第 25 輯）』文眞堂，65-81 頁。

宇田川元一（2019），『他者と働く──「わかりあえなさ」から始める組織論──』NEWS PICKS
　　PUBLISHING。

宇田川元一（2021），『組織が変わる──行き詰まりから一歩抜け出す対話の方法 2 on 2──』ダイヤ
　　モンド社。

江夏幾多郎（2022），「経営学と臨床──研究特集に寄せて──」『経営行動科学』第33巻第3号，
　　65-75頁。

岡本人志（1985），『経営経済学の源流』森山書店。

岡本人志（2018），『19世紀のドイツにおける工場の経営に関する文献史の研究』文眞堂。

海道ノブチカ（1988），『西ドイツ経営学の展開』千倉書房。

海道ノブチカ（2017），「経営学史研究の意義と方法」経営学史学会編『経営学史研究の興亡（経営
　　学史学会年報 第24輯）』文眞堂，32-46頁。

梶脇裕二（2013），「ドイツにおける経営学理論の動向」久保広正・海道ノブチカ編『EU経済の進
　　展と企業・経営』勁草書房，第9章。

梶脇裕二（2018），「経営学史研究の意義を探って──実践性との関連で──」経営学史学会編『経営
　　学史研究の挑戦（経営学史学会年報 第25輯）』文眞堂，21-35頁。

加藤勝康（1996），『バーナードとヘンダーソン──The Functions of the Executive の形成過程──』
　　文眞堂。

榊原研互（1994），「経営経済学史の課題と方法」鈴木英壽先生古希記念事業会編『現代ドイツ経営
　　学研究』森山書店，第5章。

桜井信行（1961），『人間関係と経営者──エルトン・メーヨーを中心として──』経林書房。

柴田明（2013），『ドイツ・システム論的経営経済学の研究』中央経済社。

杉田博（2021），『フォレットの解釈学的経営思想』文眞堂。

杉万俊夫（2013），『グループ・ダイナミックス入門──組織と地域を変える実践学──』世界思想社。

高田馨（1978），『経営目的論』千倉書房。

田中照純（1998），『経営学の方法と歴史』ミネルヴァ書房。

永田誠（1999），『現代経営経済学史〔改訂版〕』森山書店（初版1995年）。

森哲彦（1993），『経営学史序説──ニックリッシュ私経済学論──』千倉書房。

山縣正幸（2019），「方法としての経営学史──経営学史と協同的実践──」『商学論究（関西学院大
　　学商学研究会）』第66巻第3号，123-156頁。

矢守克也（2010），『アクションリサーチ──実践する人間科学──』新曜社。

矢守克也（2018），『アクションリサーチ・イン・アクション──共同当事者・時間・データ──』新曜社。

渡辺敏雄（2000），『管理論の基本的構造〔改訂版〕』税務経理協会。

渡辺敏雄（2022），『現代経営経済学の生成──方法論的展開──』文眞堂。

3　プリズムとしての「組織の倫理」

間　嶋　　　崇

Ⅰ．はじめに

　経営倫理（business ethics）を中心とした「組織の倫理」に関する研究は，経営学という多面体（プリズム）の一面を担っており，それによって分光される経営現象の倫理にまつわる側面は，経営現象という多重な光のうち，今日注目すべき光のひとつである。

　加えて，グローバル化やさまざまなテクノロジーの目まぐるしい発展，それらに伴う社会の複雑化が，経営現象はもちろんのこと，その正邪善悪をより複雑にし，それを解きほぐすべく「組織の倫理」に関する研究自体も近年より多面的になっている。

　本稿では，「組織の倫理」の研究の多面性を再確認し，「組織の倫理」研究あるいはそれに基づく実践の今後の展開について検討する。まず，次節では，経営学の一側面である「組織の倫理」研究，そしてそのうちの大きな面を担う経営倫理研究についてその展開や特徴（3つの側面の存在）を振り返る。さらに第3節では，2000年代中頃に登場した経営倫理研究に対する補完的ないし批判的な研究を中心に「組織の倫理」研究の新たな側面について検討する。最後に，「組織の倫理」研究のこれまでの展開から考えられる当該研究とそれに関連する実践の今後の展開について僅かながら議論する。

Ⅱ．経営学における一側面としての「組織の倫理」研究と その大きな面としての経営倫理研究

1．経営学における一側面としての「組織の倫理」研究

　繰り返される組織不祥事や環境破壊，組織における人権問題に対する責任など，「組織と社会」の関係性を巡る問題が看過し得ないものになって久しい。昨今，それらへの懸念はますます高まり，組織やそれを構成する諸活動の正邪善悪を問う，すなわち組織とそのマネジメントに対する倫理の観点からの議論は，経営学において重要な研究領野になっている。

　この「組織の倫理」にまつわる研究は，とりわけ 1970 年代よりアメリカを中心に「経営倫理」研究が活発化し，隆盛することで本格化していく（鈴木・角野編 2000；中村編 2003 など）[1]。経営倫理研究は，応用倫理学と「企業と社会」研究の 2 つを源流に持ち，その関心ないし重心の違い（Business ETHICS か BUSINESS Ethics か。Trevino and Weaver 1994；Weaver and Trevino 1994；梅津 1997 など）から両者はいくぶん対立しながらも，社会の要請に応えるべく急速に発展していった（鈴木・角野編 2000 など）。日本においても 1993 年に日本経営倫理学会が設立され，学術的な議論が活発に行われるようになる。Google Scholar や J-STAGE などで調べてみると，経営倫理（business ethics）を冠する学術文献は，日本においても海外においても 1990 年代に急激に増加している。今日にあっても数多くの議論があり，同研究は，「組織の倫理」研究という多面体の中心を担う大きな面である。

2．「組織の倫理」研究の大きな面としての経営倫理研究

　さて，その経営倫理研究は，組織における正邪善悪の規範を明らかにし，その規範に従い倫理が実現するように制度をいかに策定するかを議論することを特徴としている。この特徴は，梅津（2002）が示すように，3 つに分け，それぞれ経営倫理研究の重要な 3 つの側面として捉えることができる。すなわち，それは，①（規範）理論としての経営倫理[2]，②実践としての経営

倫理，③制度としての経営倫理の3つである。

①（規範）理論としての経営倫理は，組織やそのマネジメントとはいかにあるべきか，その基盤となる組織における正邪善悪の原則やルール，ガイドラインを明らかにしようとする側面である。目の前の現象を見るレンズに関する議論と言い換えてもいいだろう。経営倫理研究では，I. Kant の義務論や功利主義の議論がよく取り上げられ，倫理の実現において理性の役割を重視することが多いことも指摘されている（Ten Bos and Willmott 2001；Parker 2003；Sonenshein 2007 など）。この側面は，応用倫理学を源流に持つ研究者を中心に議論されているのも特徴である。

②実践としての経営倫理[3]は，組織に関わる人々が道徳的な推論からいかに倫理的な意思決定を行い，倫理的な行動を実践するか（あるいはその逆に倫理的に振る舞えないか）を明らかにしようとする側面である。次に示す制度との関わりの中で議論されることも多い。また，経営学を源流に持つ研究者によって記述的に議論されることが多い。なお，当初この倫理的な実践に関する研究は，Sonenshein（2007）が「合理主義アプローチ」と呼ぶ人間観に立ち，「個人は倫理的課題に対応するために，証拠を吟味し，抽象的な道徳的原則を適用するなどして，慎重かつ広範な道徳的推論を行っている」（p. 1022）と考えてきた。しかし，近年では，H. A. Simon の限定合理性を援用した「限定倫理性（bounded ethicality）」概念などによって，人間は倫理的でありたくとも必ずしも倫理的たりえない限界を有していることが議論されている（Bazerman and Tenbrunsel 2012；水村 2013 など）。

③制度としての経営倫理は，組織を巡る協働システム内外における制度の策定（経営倫理の制度化）を中心とし，組織における倫理的規範の実現（つまり倫理的な決定と行動の実現）をいかにマネジメントすべきかを議論する側面である。倫理専門部署の設置や企業倫理綱領の策定，企業内倫理教育の徹底など，当該協働システム内の制度化もあれば，国による法制化や経済団体による行動憲章の制定，国連のグローバルコンパクトのような国を越えたイニシアチブの制定のような協働システム外の制度化もある。この経営倫理の制度化は，研究の源流が前述2つのいずれかに関わらず経営倫理研究の中心的関心であるとされている（鈴木 2021）。つまり，経営倫理研究の主眼

は，組織における倫理のマネジメントにあるということになる。

　なお，以上の３つの側面は，相互に影響し補完的な関係にある（梅津2002）。

Ⅲ．新たな側面の登場

　以上のように，経営倫理研究は，上述の３つの側面のどれに焦点を当てるかで論者によって違いはあるものの，基本的には，組織が倫理的と理解される規範に則った諸活動によって構成されるように，制度を通じていかに統制しうるかについて議論している。さて，2000年代に入り，このマネジメントのための倫理とでも言い換えられるこれまでの議論とは少し異なる観点に立った議論（批判的あるいは補完的な議論）が登場する。つまり，「組織の倫理」研究という多面体にさらなる面が追加されるようになる。上述の３つの側面に即して言えば，まずは2000年代初め頃に（規範）理論に対して，次に2000年代中頃になると実践に対して新しい側面が登場する。本稿では，この新たな動きについてそれがどのような議論なのか次に検討していくことにしよう。

1．（規範）理論としての倫理に対する新たな側面
　まず，（規範）理論としての倫理に対する新たな側面は，これまでの経営倫理研究ではあまり中心的に扱われてこなかった倫理理論を持ち出した議論によって構成されている[4]。
　⑴　倫理における感情の重要性の指摘
　例えば，Kjonstad and Willmott（1995）は，C. Gilligan らを引き合いに出しながら，理性を中心としたこれまでの指示的で制限的な倫理だけではなく，倫理のもう一つの側面である感情や配慮を伴う道徳的推論を発展させる「エンパワーメントの倫理（empowering ethics）」も重要でそれらを統合する必要性を説いた。同様に Ten Bos and Willmott（2001）も Z. Bauman の議論を用い，感情の重要性を主張し，理性か感情かの二元論を超えた道徳的学習プロセスの必要性を明らかにしている。

(2)　倫理における他者との関係性の重視

　例えば，Roberts（2003）は，E. Levinas の哲学を背景に，組織はその影響を受ける弱き異質な他者の顔と出会い，その他者との対話を通じて組織の無知がもたらす社会への影響を知ることで社会的責任を果たすことが出来るようになるとした。また，Hancock（2008）や Pullen and Rhodes（2014）では，M. Merleau-Ponty らに影響を受けた R. Diprose のフェミニスト哲学に基づき，身体的な相互主観性を通じて他者との差異や同一性を受け入れ，それを尊重する寛大さ（embodied generosity）の重要性を説いている。さらに，この差異への寛大さから生じる組織の抑圧や支配的な規範への統制に対する政治的な抵抗こそが倫理であると主張した。

(3)　経営倫理への批判

　以上の新たな議論の多くは，これまでの「経営倫理」研究への批判的立場から論を進めている。例えば，Kjonstad and Willmott（1995）は，これまでの経営倫理が「してはいけないこと」をどうコントロールするかという「制限的」観点から理性的にのみ倫理を捉え，そのことで企業倫理綱領のように倫理を成文化することに関心が偏っていることを指摘する。また，それによってコンプライアンスは促進されるものの，道徳的な問題の複雑さを単純で理解しやすいルールに置き換えることになり，組織構成員の道徳的推論の力を低下させてしまうと批判した。さらには，経営倫理研究は経営主義的で，ステイクホルダーからの信頼の獲得や競合他社との差別化，規範策定者や専門家の特権化のための道具と化しており，抜本的な改革を目指すというより，最悪の事態を和らげる改善を目指しているに過ぎないとも指摘している（Kjonstad and Willmott 1995；Ten Bos and Willmott 2001；Parker 2003；Jones 2003；Roberts 2003 など）。

　これらの新たな倫理理論を持ち込んだ議論は，既存の経営倫理に対して批判的ではあるものの，それにとって代わるというより，組織の倫理をさまざまな角度から理解可能とし，複雑な現象に対してより豊かな吟味を可能とするものと考えられている（Crane, Matten, Glozer and Spence 2019）。

2．実践としての倫理に対する新たな側面

　次に，実践（倫理的な決定と行動による倫理の実現プロセスに関する研究）としての倫理の側面については，2つの新たな側面がちょうど同時期，つまり2000年代中頃から終盤（2006年から2010年あたり）に集中して登場している。それは，① ethics as practice と② ethics as sensemaking の2つである。これら2つは，批判の矛先は若干異なるが，共になんらかの形で既存の経営倫理研究に対して批判的かつ補完的であり，ミクロな政治的な実践の中で倫理が生成されるさま（「ローカルな善」（Gergen 1999）の生成，あるいは支配的善の転覆）を明らかにしようとする組織論的な議論である点で似ている。

⑴　ethics as practice

　これは，2000年代初め頃に戦略論の領域に登場した実践的転回（strategy as practice：通称SaP）の「組織の倫理」研究版（本稿ではEaPと呼称しておく）である。多くのEaP研究は，倫理的であることを意図し策定されたマクロな制度（企業倫理綱領などの協働システム内の仕掛け）の下でいかに意図した倫理が「実践されないか」を明らかにしている。言い方を換えると，制度が鵜呑みにはされず抵抗に遭い，その文脈の中で使われ，意図とは異なるその場における善がミクロな実践を通じていかに政治的に生成されていくかを明らかにするのがEaPの研究である。必ずしも思い通りにいかない様を描いているという意味では，上述した「限定倫理性」の議論と近しいものを感じるが，こちらは，経営倫理研究の孕む経営主義的色彩への批判的側面を併せ持ち，また後述のセンスメーキング同様にその場における善が社会的に構成される側面を強調している点で異なる。

　例えば，Gordon, Clegg and Kornberger（2009）は，汚職や非道徳的行為が横行していたオーストラリアのニューサウスウェールズ州警察における組織改革プロジェクトについて研究をしている。この研究では，組織改革で用いた仕組みが既存の権力関係の中でこの警察署における既存の善の再生産に繋がることが示された。例えば，同署では組織改革の切り札としてEMS（Employee Management System）という全署員が不適切な行為に対して公式に意見が言える仕組みを導入したものの，それが上司が部下に懲罰を与え

黙従的な支配を促すための仕組みとして利用されてしまう。またそれによって一部の不正が黙認され，上司による部下の支配的関係やより悪質な犯罪を検挙する（それは昇進にも繋がる）ためには手荒な真似も辞さない「崇高な理由による汚職」という価値観がこれまで同様に善しとされた（再生産されていった）のである。

　他にも，Helin and Sandström（2010）では，企業倫理綱領の導入が社外への印象管理の道具になる（社内では他人事のように軽視され機能しなかった）ケースが示され，Kornberger and Brown（2007）では，インキュベーター組織がインキュベーター組織としての役割を果たす，つまりジョイントベンチャーなど異質な他者間のコラボレーションをつくり出すために，組織のアイデンティティワークとして「倫理」という概念をいかに用いたのか（商品化したのか）を明らかにしている[7]。

　以上のように，EaP は，マクロな制度による統制的な倫理のマネジメントに対して，それが必ずしもうまくいかず，倫理というものがミクロな状況的な実践の中で生成されるものであることに着目している。また，これらは，このような既存の倫理的規範（「制度による倫理マネジメント」は善である）に対する問題化こそが倫理であると考える CMS（批判的経営研究）的な研究群であるとも言える[8]。

　(2)　ethics as sensemaking

　一方，倫理というものが理性のみならず，感情や直観そして主観によって生成され，また行為を通じて継続的に更新されていくものであるとするのが "ethics as sensemaking"，センスメーキングとしての倫理研究（以下，センスメーキング研究と略記）の考え方である。これらの議論は，K. E. Weick の組織化やセンスメーキングの概念をベースにしている。また，このセンスメーキング研究も EaP 同様に，ローカルな善が社会的に構成されることを念頭に置いている点が特徴である。このセンスメーキング研究には，個人のセンスメーキングを通じた倫理的決定や行動あるいは行動に対する遡求的な正当化に着目する研究（個人的センスメーキング研究）と，その場にいる人々の社会的な構成によって倫理が生成されていくそのプロセスに着目する研究（組織的センスメーキング研究）とがある。前者に

は，Sonenshein（2007, 2009）などがあり，後者には Reinecke and Ansari（2015）などがある。また，CSR（企業の社会的責任）に関するセンスメーキング研究もあり，2006 年に *Business Ethics: A European Review*（Vol. 15, No. 4）[9] において特集が組まれ，Cramer, van der Heijden and Jonker（2006）や Morsing（2006）など5本の論文が寄せられている。

　Sonenshein（2007）は，多義的で複雑，不確実な環境下において，人々は広い視野を持ち熟慮を重ねての道徳的な推論に基づいて合理的に意思決定を行うことは難しく，人々は置かれた状況に影響を受けながら感情（期待など）を交えて問題を設定し，直観的に判断をした上で，事後的に自身の決定や行動を倫理的に正当であったと意味付けるものであるとした。つまり，問題設定と正当化という部分でセンスメーキングが行われるとした。同時に，直観を訓練することや問題理解の能力向上に向け，組織において複数の視点を持つことを奨励するなど，実務への示唆を与えている点も特徴である。

　一方，Reinecke and Ansari（2015）では，やはり直観や情動が倫理的な判断に関与することを示すが，それとともに，倫理的に複雑な状況（複数の倫理的な視点があり，そこにおいて「どの規範や価値が問題で，どれが優先されるべきなのかをめぐって不一致が生じている状況」（p. 869））において，当事者たちのやりとりを通じて倫理が生成される様を明らかにした。同研究では，フェアトレード・インターナショナルにおけるルイボスやコーヒー，綿花などのフェアトレードの最低価格設定という倫理的複雑性を伴うケースを用い，形式化（一般化された指標などを用いて客観的な正当性を示そうとする行為），手続き化（意思決定手順の標準化などを図り，一貫した扱いを確保しようとする行為），脱中心化（個人的な関心や立場から離れ，それらから超越的な立場に立とうとする行為），そして難題の保留や例外化などを用いながら，ここでの道徳的妥当性の高い「公平さ」が一時的に生成（センスメーキング）されていくことを示した。ここで興味深いのは，あくまで生成された「公平さ」は一時的なもの（倫理的休戦（ethical truce）と称されている）であり，何らかの機会に再びセンスメーキングされていくのである。[10]

　また，CSR に関するセンスメーキング研究の多くは，CSR が自社にとっ

て意味あるものとして何某かの意味づけがされていくプロセスを明らかにしようとしている（Cramer, van der Heijden and Jonker 2006；Morsing and Schultz 2006；Schouten and Remmé 2006；Basu and Plazzo 2008 など）。例えば Cramer, van der Heijden and Jonker（2006）は，外部のチェンジエージェントによる翻訳（抽象的な CSR をその組織に適した言葉にすること）が重要であることを示し，Morsing and Schultz（2006）は，CSR が欺瞞的にならないように社外ステイクホルダーを巻き込んでセンスメーキングする重要性を示している。[11]

　以上のように，「組織の倫理」研究に現れた新しい側面は，既存の経営倫理研究とは異なる理論と実践を提示し，これまでとは異なる（批判的だが補完的な）スペクトラムを示してくれる。特にそれらは，組織の倫理というものが状況に埋め込まれながら不完全にもなんとかローカルに生成され，異質な他者との絶えざる対話的で政治的な関係を通じて刷新され続けるものであることを教えてくれる。また，それらの多くは，制度化を中心に意図した組織の倫理をマネジメントする（組織に浸透させ実現する）ことの困難性も教えてくれている。しかし，問題は，この新しい側面に立った時，それらが批判や記述を超えて，我々が「どうしたらいいのか？」を十分には教えてくれない点である（間嶋・宇田川（2015）も参照）。我々は，組織を倫理的にすることにどう関与できるのだろうか。

Ⅳ．制度（によるマネジメント）に対する新たな側面を考える

　上述より，組織やそれを構成する諸活動が倫理的であるためには，制度の策定「だけ」ではうまく叶わないこと，そもそも制度を用いて統制的に倫理をマネジメントすることにも批判があることが分かった。ここから考えられる組織を倫理的にする新たな可能性として，本稿では以下の 2 点を挙げる。

1．ミクロな対話への介入（によるローカルな善の構築）
　繰り返しになるが，組織の倫理研究の新たな側面から分かったことは，倫理が状況に埋め込まれながら，他者との対話的な，時に政治的なやりとりの

中でローカルに生成されていることである。そこから考えられる新たな可能
性は，我々がその対話に繰り返し介入（参加）することである。この介入に
おいて大事なのは，専門家として診断的（支配的規範の一方的な押し付けと
いう意味で）にならず，ナラティブ・セラピー（White and Epston 1990；
White 2007；White 2017 など）やナラティブ・メディエーション（Winslade
and Monk 2000）のように，無知の姿勢に立ち，多様な声に耳を傾けなが
ら，その組織で支配的な既存の規範を脱構築したり，互いの規範の接点を見
出したりして，規範の再著述を促していくことであろう[12]。例えば，上述の警
察署のケースのように不祥事が起きている場合であれば，表1にある手法を
用いて，問題を外在化し，ユニークな結果に目を向け，また定義的祝祭のよ
うな第三者と語り合う場を設けるなどして，支配的な規範を脱構築し，新た
なそれを再著述するといったことを促していく介入が考えられよう。

表1　ナラティブ・セラピーやメディエーションの技法の例

問題の外在化	当事者ではなく問題に注目するために，問題を当事者たちから切り離し，当事者たちに内在する問題ではなく，外側に在るものと捉える技法。
問題の名付け	外在化のための方法。問題を客体化するために問題に名前をつける。
問題の歴史化	問題の外在化をさらに進める方法。名前の付けられた問題の誕生から現在までのその変化や展開をある種の物語として時間軸の中に位置付ける。
ユニークな結果	代替的な「ナラティブ（本稿の文脈に合わせて言い換えると，「組織はこうあるべき」という倫理のナラティブ）」を構築するためのきっかけを見出す材料。支配的なナラティブに合致しない（ユニークである）が故に，まだ語られていない，でも大事な体験のこと。
リ・メンバリング	当事者のアイデンティティを形作るのに重要な人物構成をナラティブの再著述に向けて入れ替えること。
定義的祝祭	第三者（外部の証人として選ばれた人々）と当事者との間で互いに自身の人生を語る，語り直す機会を設けること。それにより，当事者の代替的なナラティブを確かなものにしていく。

出所：間嶋（2020），4頁の表4を基にWhite and Epston（1990），White（2007, 2017），Winslade and Monk（2000）を参考に加筆修正し作成。

2．大きな前提を問い直す対話の実践

　既存の経営倫理研究の批判を通じて新たな側面が主張したいことのもう一
つは，広く当然視されている支配的な規範（組織はこうあるべき／その姿に

するにはこうすべき）を問題化することも倫理であるということである。そこから考えられる新しい可能性は，上述したミクロな対話への参加などを通じ，多様な声を聴くことで，経営実践や経営学において道徳的・倫理的と言われていること自体を反省・疑問視する機会を絶えず持ち，問題化していくことに我々が参加することである。そして問題化するだけでなく，ではどうしたらいいのか試行錯誤し続けることも重要であろう。

表2　プリズムとしての「組織の倫理」研究

	特徴	（規範）理論	制度 （マネジメント）	実践
経営倫理研究	客観主義 経営主義	理性中心	倫理綱領など 倫理の制度化	合理主義 限定倫理性
新たな側面	主観主義 批判的／補完的	感情・感性 他者との関係など	継続的な対話	practice sensemaking

出所：筆者作成。

　もちろん，言うは易く行うは難し，現実は一筋縄ではいかない。しかし，これまで見てきた新たな側面の議論に基づくならば，そのどの議論も主張するように，地道な小さな変化の積み重ねが大きな変化に繋がることを志向し，我々もじっくりなんとかやっていく必要があるのだろう（Mol 2008）。

V．むすびにかえて

　本稿では，「組織の倫理」の研究の多面性とその展開を振り返り，とりわけ近年の新たな議論やそこから派生して考えられる組織の倫理への新たな関わり方の可能性について検討してきた。とりわけ最後の点については，我々がミクロな対話への介入を通じて，いかにローカルな倫理の生成を促せるか，マクロな支配的な規範を疑問視できるか，そして自らを支配する規範をいかに問題化できるかが重要になるであろうことを示した。

　無論，本稿は，綻びだらけの道半ばの議論である。レビューはシステマティックでもなければ，丁寧さにも欠け，不完全であり，組織の倫理研究のプリズムを到底適切には描けていない。例えば，本稿はドイツの企業倫理

論の動向を押さえられていない。また，組織の倫理の実現に向けた最後の検討も具体性に欠ける。さらに，多面性を示しただけで（加えて新たな側面に軸足を置いて議論を進めてしまっていて），多面性をどう活かしていくのかに言及していない。多様な面をいかに結びつけ，より善い実践を生み出していくのか，組織の倫理研究そして本稿筆者の今後の大きな課題であると言える。

謝辞

本研究は，JSPS 科学研究費助成事業（学術研究助成基金助成金：基盤研究（C）（一般）課題番号：19K01895）の助成を受けたものである。支援に対して，記して感謝致します。

注

1）組織の "倫理" や "道徳" に関する議論自体は，C. I. Barnard をはじめ，それより以前からなされている（水尾 2014 など）。

2）カッコ内は，本稿筆者付記。また，梅津（2002）では，経営倫理ではなく「ビジネス倫理」とされている。本稿では，語の統一のため，経営倫理とした。

3）梅津（2002）の言葉をそのまま使用している。後述する ethics as practice と区別するため ethics as practice は，英語のままあるいは EaP と表記することにする。

4）日本においても多様な（規範）理論によって経営倫理が議論されている。例えば，高浦（2001, 2007, 2009），谷（2010）など。なお，本項の議論については，間嶋（2022）も参照のこと。

5）「経営の効率性，生産性や経営資源の管理を中心的主題とする前提」のこと（ウィルモット・清宮 2020, p. 147）。

6）本項の以下の議論は，間嶋（2012），間嶋・宇田川（2015）も参照のこと。

7）この他，内部通報制度の戦略的活用とそこにおける緊張や矛盾を論じる du Plessis（2020）などもある。

8）少し異なるが，社会で支配的な既存の道徳ないし経営活動上の道徳を疑問視し，勇気を持って声をあげ覆していくことこそ倫理的であるという批判的実践としての倫理という研究も興味深い（Weiskopf and Willmott 2013；Weiskopf and Tobias-Miersch 2016）。

9）現在は，*Business Ethics, the Environment and Responsibility* に改称されている。

10）McMurray, Pullen and Rhodes（2010）はセンスメーキング研究ではなく，EaP 研究に関連しているが，そこでも生成される倫理は常に不完全であり，ゆえに倫理的主体による倫理的要求への応答のための「継続的」で政治的な活動の中で顕在化していくものであるとされている。

11）Schouten and Remmé（2006）でも上記 2 つの研究で示されている CSR とその組織の活動とをうまく結びつける言葉を作ることの重要性や外部ステイクホルダーとの共同的なセンスメーキング（joint sensemaking）の必要性が主張されている。

12）ナラティブやストーリーと組織の倫理の関係は，Jørgensen and Boje（2010）も参照のこと。同研究では，周縁的な声（リビング・ストーリー）に耳を傾け，支配的な規範の物語に疑問を投げかけ反省し続けることの重要性を説いている。

参考文献

Bazerman, M. and Tenbrunsel, A. E.（2012）, *Blind Spots: Why We Fail to Do What's Right and*

What to Do About It, Princeton University Press.（池村千秋訳『倫理の死角──なぜ人と企業は判断を誤るのか──』NTT 出版，2013 年。）

Basu, K. and Plazzo, G. (2008), "Corporate Social Responsibility: A Process Model of Sensemaking," *Academy of Management Review*, 33 (1), pp. 122-136.

Cramer, J., van der Heijden, A. and Jonker, J. (2006), "Corporate Social Responsibility: Making Sense Through Thinking and Acting," *Business Ethics: A European Review*, 15 (4), pp. 380-389.

Crane, A., Matten, D., Glozer, S. and Spence, L. (2019), *Business Ethics: Managing Corporate Citizenship and Sustainability in the Age of Globalization, Includes Companion Website*, 5th ed., Oxford University Press.

Gergen, K. J. (1999), *An Invitation to Social Construction*, SAGE Publications.（東村知子訳『あなたへの社会構成主義』ナカニシヤ出版，2004 年。）

Gordon, R., Clegg, S. and Kornberger, M. (2009), "Embedded Ethics: Discourse and Power in the New South Wales Police Service," *Organization Studies*, 30 (1), pp. 73-99.

Hancock, P. (2008), "Embodied Generosity and an Ethics of Organization," *Organization Studies*, 29 (10), pp. 1357-1373.

Helin, S. and Sandström, J. (2010), "Resisting a Corporate Code of Ethics and the Reinforcement of Management Control," *Organization Studies*, 31 (5), pp. 583-604.

Helin, S., Jansen, T., Sandström, J. and Clegg, S. (2011), "On the Dark Side of Codes: Domination not Enlightenment," *Scandinavian Management Journal*, 27, pp. 24-33.

Jones, C. (2003), "As if Business Ethics were Possible, 'Within Such Limits' ...," *Organization*, 10 (2), pp. 223-248.

Jørgensen, K. M. and Boje, D. M. (2010), "Resituating Narrative and Story in Business Ethics," *Business Ethics: A European Review*, 19 (3), pp. 253-264.

Kjonstad, B. and Willmott, H. (1995), "Business Ethics: Restrictive or Empowering?," *Journal of Business Ethics*, 14, pp. 445-464.

Kornberger, M. and Brown, A. (2007), "'Ethics' as a Discursive Resource for Identity Work," *Human Relations*, 60 (3), pp. 497-518.

McMurray, R., Pullen, A. and Rhodes, C. (2010), "Ethical Subjectivity and Politics in Organizations: A Case of Health Care Tendering," *Organization*, 18 (4), pp. 541-561.

Mol, A. (2008), *The Logic of Care: Health and the Problem of Patient Choice*, Routledge.（田口陽子・浜田明範訳『ケアのロジック──選択は患者のためになるのか──』水声社，2020 年。）

Morsing, M. (2006), "Corporate Social Responsibility as Strategic Auto-Communication: On the Role of External Stakeholders for Member Identification," *Business Ethics: A European Review*, 15 (4), pp. 171-182.

Morsing, M. and Schultz, M. (2006), "Corporate Social Responsibility Communication: Stakeholder Information, Response and Involvement Strategies," *Business Ethics: A European Review*, 15 (4), pp. 323-338.

Parker, M. (2003), "Business, Ethics and Business Ethics: Critical Theory and Negative Dialectics," in Willmott, H. and Alvesson, M. (eds.), *Studying Management Critically*, SAGE Publications.

du Plessis, E. M. (2020), "Speaking Truth Through Power: Conceptualizing Internal Whistleblowing Hotlines with Foucault's Dispositive," *Organizaiton*, first published online, pp. 1-33.

Pullen, A. and Rhodes, C. (2014), "Corporeal Ethics and the Politics of Resistance in Organizations," *Organization*, 21 (6), pp. 782-796.

Reinecke, J. and Ansari, S. (2015), "What Is a "Fair" Price? Ethics as Sensemaking," *Organization Science*, 26 (3), pp. 867-888.

Roberts, J. (2003), "The Manufacture of Corporate Social Responsibility: Constructing Corporate Sensibility," *Organization*, 10 (2), pp. 249-265.

Schouten, E. M. and Remmé, J. (2006), "Making Sense of Corporate Social Responsibility in International Business: Experiences from Shell," *Business Ethics: A European Review*, 15 (4), pp. 365-379.

Sonenshein, S. (2007), "The Role of Construction, Intuition, and Justification in Responding to Ethical Issues at Work: The Sensemaking-Intuition Model," *Academy of Management Review*, 32 (4), pp. 1022-1040.

Sonenshein, S. (2009), "Emergence of Ethical Issues During Strategic Change Implementation," *Organization Science*, 20 (1), pp. 223-239.

Ten Bos, R. and Willmott, H. (2001), "Towards a Post-dualistic Business Ethics: Interweaving Reason and Emotion in Working Life," *Journal of Management Studies*, 38 (6), pp. 769-793.

Trevino, L. K. and Weaver, G. R. (1994), "Business ETHICS/BUSINESS ethics: One Field or Two?," *Business Ethics Quarterly*, 4 (2), pp. 113-128.

Weaver, G. R. and Trevino, L. K. (1994), "Normative and Empirical Business Ethics: Separation, Marriage of Convenience, or Marriage of Necessity?," *Business Ethics Quarterly*, 4 (2), pp. 129-143.

Weiskopf, R. and Willmott, H. (2013), "Ethics as Critical Practice: The "Pentagon Papers", Deciding Responsibly, Truth-telling, and the Unsettling of Organizational Morality," *Organization Studies*, 34 (4), pp. 469-493.

Weiskopf, R. and Tobias-Miersch, Y. (2016), "Whistleblowing, Parrhesia and the Contestation of Truth in the Workplace," *Organization Studies*, 37 (11), pp. 1621-1640.

White, M. (2007), *Maps of Narrative Practice*, W. W. Norton & Co., Inc. （小森康永ほか訳『ナラティヴ実践地図』金剛出版, 2009年。）

White, M. (2017), *Narrative Therapy Classics*, Dulwich Centre Publications. （小森康永訳『ナラティヴ・セラピー・クラシックス——脱構築とセラピー——』金剛出版, 2018年。）

White, M. and Epston, D. (1990), *Narrative Means to Therapeutic Ends*, Dulwich Centre Publications. （小森康永訳『物語としての家族』金剛出版, 1992年。）

Winslade, J. and Monk, G. (2000), *Narrative Mediation: A New Approach to Conflict Resolution*, John Wiley & Sons, Inc. （国重浩一・バーナード紫訳『ナラティヴ・メディエーション——調停・仲裁・対立解決への新しいアプローチ——』北大路書房, 2010年。）

ウィルモット, ヒュー・清宮徹 (2020), 「クリティカル・マネジメント研究と組織理論」高橋正泰監修『組織のメソドロジー』学文社, 147-169頁, 第8章。

梅津光弘 (1997), 「経営倫理学と企業社会責任論——その方法論的差異と統合の可能性をめぐって——」『日本経営倫理学会誌』第4巻, 21-31頁。

梅津光弘 (2002), 『ビジネスの倫理学（現代社会の倫理を考える (3)）』丸善。

鈴木辰治・角野信夫編 (2000), 『企業倫理の経営学』ミネルヴァ書房。

鈴木貴大 (2021), 『経営倫理の理論と実践——医療法人における統合アプローチ——』文眞堂。

高浦康有 (2001), 「管理者の道徳的判断の再構成モデルについて——コールバーグ・モデルからハーバマス・モデルへ——」『日本経営倫理学会誌』第8巻, 151-158頁。

高浦康有 (2007),「企業倫理教育と実存哲学──レヴィナスの思想を手がかりに──」『日本経営倫理学会誌』第 14 巻, 15-20 頁。

高浦康有 (2009),「道徳的承認を求める権利と CSR──過労死訴訟をケースにして──」『日本経営倫理学会誌』第 16 巻, 183-189 頁。

谷俊子 (2010),「日本的経営の普遍的道徳観と問題点──ケアの倫理・共同体主義による検討──」『日本経営倫理学会誌』第 17 巻, 159-169 頁。

中村瑞穂編 (2003),『企業倫理と企業統治──国際比較──』文眞堂。

間嶋崇 (2012),「経営倫理の実践的転回とその課題」『専修マネジメントジャーナル』第 2 巻第 1 号, 1-10 頁。

間嶋崇 (2020),「過剰な情報セキュリティ対策に関する組織論的な幾つかの視座」『情報科学研究所報』第 95 巻, 1-7 頁。

間嶋崇 (2022),「CMS から経営倫理をみる──批判の対象かそれとも同胞か──」『経営論集』第 69 巻第 1 号, 423-431 頁。

間嶋崇・宇田川元一 (2015),「生成する組織の倫理──ナラティヴが切り拓く新たな視点──」『経営哲学』第 12 巻第 2 号, 2-15 頁。

水村典弘 (2013),「企業行動倫理と企業倫理イニシアティブ──なぜ人は意図せずして非倫理的行動に出るのか──」『日本経営倫理学会誌』第 20 巻, 3-15 頁。

水尾順一 (2014),「失われた 20 年, 日本における経営倫理の軌跡と将来展望──経営倫理（企業倫理), コンプライアンス, コーポレート・ガバナンスそしてグローバル CSR の視点から──」『日本経営倫理学会誌』第 21 巻, 311-326 頁。

4　仕事のデザインと経営学

高　尾　義　明

Ⅰ．はじめに

　多面性をもつ経営学の一つの「面」として，仕事（work/job）に関わる研究を挙げることができる。後述のように経営学は仕事の革新から始まったともいえるだけでなく，仕事組織を対象とした研究もこれまで多くなされてきた。しかし，最近では仕事に焦点を当てた研究は必ずしも盛んであるとはいえない。また，多くの組織において仕事の革新が課題となっているが，（狭義の）経営学がそうした実践に寄与する知見を十分に提供できているとはいいがたい。

　そうした現状を踏まえながら，本稿では，仕事に関わる研究の代表的なものとしてワークデザイン（ジョブデザイン）[1]論を取り上げ，その変遷をたどった上で，研究が進展する過程で次第に生じてきた実践との乖離について考察を行う。さらに，ワークデザイン論で看過されがちであった前提を指摘した近年の研究を足がかりにして，仕事という「面」から経営現象を捉えることの意義について改めて検討する。

Ⅱ．ワークデザイン論の変遷と評価

　近年の経営学における，仕事に関わる代表的な研究領域として，ワークデザイン論を挙げることができる。そこで，本節ではその変遷を簡単に振り返るとともに，当該領域の研究者による自己評価を紹介する。

1．始まりとしてのテイラー

　ワークデザイン研究の歴史を振り返る際に，その前史としてテイラーが必ず取り上げられる（e.g. Grant et al. 2011；Oldham and Fried 2016；Parker et al. 2017）。言うまでもなく，テイラーは経営学の父の一人である。ワークデザインを取り上げるという本稿の文脈でいえば，テイラーの革新性の一つは，「近代科学的管理において最も重要な要素はタスクという観念（task idea）であろう」（Taylor 1911）という言葉に典型的に見られるように，タスク概念の確立とその「科学的」な設定の提唱にあったといえる（高尾 2021）。テイラーの科学的管理法の延長線上にある，いわゆる 3S（standardization, specialization, simplification）の追求が大きな社会的インパクトをもたらしたことから，以下で紹介する（狭義の）ワークデザイン論が生まれることになった。

2．ワークデザイン論の変遷

　ハーツバーグの動機づけ−衛生理論で仕事そのものが動機づけ要因とされたことに端を発する今日のワークデザイン論では，しばしばジョブ（ワーク）・リデザインという言葉が用いられる。それは，上述のような技術合理性を重視したワークデザインの採用・普及によって，従業員のモラール／モチベーションの低下が課題となったためである。

　ワークデザイン理論の代表的理論の一つである Hackman and Oldham（1975, 1980）による職務特性理論では，職務特性が職務自律性，職務完結性，職務重要性，スキル多様性，仕事からのフィードバックから把握され，そうした特性が作業の有意味性の知覚等の従業員の認知的／心理的状態に媒介され，内発的モチベーションに影響を及ぼすというモデルが提示された。このモデルに典型的に見られるように，労働者の担当する職務の特性に変化を加えることで労働者のモチベーションを高めることができるという発想がワークデザイン論では採用されており，ワークデザイン論は組織行動研究の主要領域の一つと位置づけられてきた。

　その後，職務要求度に注目したモデルの登場（e.g. Karasek 1979）や，従来の「モチベーション・アプローチ」と，古典的なインダストリアル・エン

ジニアリングに由来する「機械アプローチ」,「生物学的アプローチ」,「知覚運動アプローチ」との統合を志向する学際的・統合的アプローチの提唱（cf. Campion and Thayer 1985）などの展開が見られたが，その後のワークデザイン論では，基本的にはモデルの精緻化が進められてきたと総括できる。いいかえれば，検討すべき要素の追加・細分化を図ることで，理想的なワークデザインをより精密に描こうとしてきた。さらに，近年では，社会性，従業員のプロアクティブ性といった，組織行動研究における注目トピックを取り込み，研究の再活性化が図られている（cf. Grant and Parker 2009）。

3．ワークデザイン研究者による自己評価

　現在のワークデザイン研究の第一人者たちである Sharon K. Parker らは，*Journal of Applied Psychology* の 100 年の歴史を振り返る特集号に掲載された「ワークデザイン研究の 100 年間」というレビュー論文（Parker et al. 2017）の一節でワークデザイン論の貢献について述べている。最初に，学術研究という観点から，ワークデザイン理論が，組織行動／産業・組織心理学において大きな貢献をもたらしただけではなく，産業保健，労使関係論や社会学等にもインパクトを与えていると述べている。次に，経営思想（management thinking）においてもワークデザインの考え方は浸透しているとして，その根拠として，ハーバード・ビジネス・レビューの直近の記事（2014 年〜2015 年前半）のほぼ半数がワークデザインに関連していることなどを挙げている。

　最後に実践や政策へのインパクトについて取り上げているが，そこまでと異なり，歯切れが悪い。たとえば，HR マネジャーを対象とした調査では職務充実が普及しているという結果が見られるものの，従業員を対象とした調査の結果では必ずしも楽観的な状況ではないことが示唆されていること，産業保健的観点からワークデザインが政策課題として挙げられていることなどを紹介している。

Ⅲ．実践とのギャップの背景

　Parker et al.（2017）の総括にあるように，ワークデザイン研究は，学術的には大きな貢献を果たしてきた一方で，その知見が実践に十分に活かされているとはいえない。こうしたリサーチ・プラクティス・ギャップ（cf. 服部 2020）が生じたのは，言うまでもなく単一の要因に由来するわけではなくさまざまな要因が絡み合った結果であるが，ここでは学術研究の側からそうしたギャップが生み出された背景を検討する。その足がかりとして，こうしたギャップの発生をある意味で予想していた，ワークデザイン研究の代表的著作の一つである Hackman and Oldham（1980）にいったん立ち戻る。その上で，そうしたギャップが生じた背景を，組織行動研究が置かれたマクロ的な状況などから検討する。

1．Hackman and Oldham（1980）の問題提起
　4 部構成となっている Hackman and Oldham（1980）の第 4 部「実践と変化」には，第 9 章「ワーク・システムへの変化の実装」と第 10 章「組織的・社会的コンテクストにおけるワーク・リデザイン」が含まれている。まず，第 9 章では，第 3 部までに取り上げてきた変化の「内容」やそれに向けた診断手続きから，ワーク・リデザインの実装という「プロセス」に焦点が移り，そうした「プロセス」で鍵となる戦略的な選択やそれに関わるトレードオフが取り上げられている。こうした実装には膨大な準備，計画，交渉が必要であることを強調し，安易にワーク・リデザインのプロジェクトを始めることに警鐘を鳴らしている。次に，終章となる第 10 章の前半で，計画的組織変革もしくは組織開発の手法としてワーク・リデザインを用いることができる状況がめったにないことを指摘し，実施できるタイミングをうまくつかむことや，個々のマネジャーが自分の裁量の範囲で実施するといった，実装に向けた現実的な方法を挙げている。
　さらに，第 10 章の後半では，未来のワークデザインについて，2 つのルートのどちらを選択するのかという問題提起をしている。第一のルートは，彼

らの主張を反映した「仕事を人に適合させる」であり，第二のルートは，「人を仕事に適合させる」ことを重視し，技術的・工学的効率の最大化を狙うものである。彼らは，どちらのルートを選ぶかの岐路に立っているが，第二のルートが選ばれることになるだろうと予想していた。[2)]

　「人を仕事に適合させる」第二のルートが選ばれると考えた理由として，彼らは知識の問題と価値の問題を挙げていた。前者については，とりわけ第9章に挙げた，実装のプロセスの知識の欠如をとりわけ重要な課題に挙げていた。後者については，第二のルートが現状の組織デザインやマネジメントと整合的であるがゆえに，それに反する第一のルートを取るためには，マネジャーが何に価値を見出すかが重要となると指摘していた。

　Parker et al.（2017）が経営思想に対する貢献として挙げていたように，ワークデザイン研究の学術的成果が発信され，それによってワーク・リデザインの意義がある程度浸透したのだとすれば，価値の問題は引き続き重要であるとはいえ，これまでの研究がその解消にある程度貢献したということもできる[3)]。もしそうだとすれば，もう一つの課題である知識の問題の解消がクローズアップされることになる。しかし，Hackman and Oldham（1980）が課題として挙げていたワーク・リデザインをいかに実装するかという問題意識は，当該分野の研究者に十分には継承されず，ワークデザインの実装プロセスの研究がその後多くなされたわけではなかった。[4)]

2．組織行動研究における組織の喪失

　ここまでで素描してきたように，Hackman and Oldham（1980）以降もワークデザイン研究は積み重ねられ，モデルの精緻化が図られた一方で，Hackman and Oldham（1980）において重要な課題として認識していた，研究成果をいかに実践に反映していくかに関わる研究は十分になされず，ワークデザイン論の知見は経営の実践に十分には反映されてこなかった。もちろん，そうしたワークデザインをめぐる「リサーチ・プラクティス・ギャップ」が，その実践プロセスの研究の欠如のみによって生じたわけではないものの，その一因として指摘できるだろう。

　次に，ワークデザインの実践プロセスが研究課題として重視されなかった

背景を検討すべく，組織行動研究全体の動向に目を向けてみることにしたい。砂口・貴島（2022）は，Heath and Sitkin（2001）を土台にしながら，組織行動研究において，ある種のパラドックスが生じたと指摘している。「そのパラドックスとは，『組織における』人間の行動を論じてきた組織行動研究において，組織への関心が薄れてきたという事態の発生である」（砂口・貴島 2022）。このような組織行動研究における「組織の喪失」は，ワークデザイン研究にまさに当てはまるように思われる。

Hackman and Oldham（1980）の第4部において，ワーク・リデザインの実装が組織デザインや従来のマネジメントの手法としばしば矛盾しうるなどといった指摘があったように，ワーク・リデザインを実装するプロセスの研究では，組織の問題に向き合うことが不可欠である。しかし，そうした実装プロセス研究では，組織行動研究において求められる程度が強くなった科学としての厳密さ（rigor）を満たすこと（cf. 福本 2013）は非常に難しい。そうした実装プロセス研究よりも，学術研究としては評価されやすいのは，従来のワークデザイン論の延長線にある「内容」の精緻化を図る方であったことは想像に難くない。このように，ワークデザイン論を含む組織（行動）研究が置かれた状況が，ワークデザインの実装プロセスの研究が進まなかった背景の一つにあったと推測される。

もちろん，以上で指摘したような，学術研究としての厳密さへの対応が，ワークデザインの実装プロセスに対する関心の低下を引き起こしたことを検証することはできない。しかし，学術界における厳密さの要求の高まりが，ワークデザイン研究の実践志向の低下に関わっているように思われる[5]。

Ⅳ．仕事のマネジャー決定論から結び目としての仕事へ

本節では，ワークデザインに関する暗黙の前提としてのマネジャー決定論が及ぼした影響を指摘するとともに，そうした前提を浮かび上がらせた研究に依拠して，結び目としての仕事（ジョブ）という新たな見方を提示する。

1. マネジャー決定主義という暗黙の前提

　組織行動研究全体としての厳密さへの対応に加えて，ワークデザインの実装プロセスに研究者が取り組むことを妨げた内在的な理由として，仕事のマネジャー決定主義（managerial determinism）を挙げることができるように思われる。この言葉そのものは，本節で後ほど言及するCohen（2013, 2016）に由来するものの，個々のジョブをマネジャーがデザインでき，またすべきであるというマネジャー決定主義という前提自体はワークデザイン研究全般で共有されていた。それは，Hackman and Oldham（1980）の第4部における，マネジャーへの期待に関する記述からも見て取れる。さらにいえば，仕事をマネジャー（エンジニア）が決定すべきであるというのは，テイラー以来の伝統でもあった。

　この暗黙の前提に依拠すれば，研究者の役割をワークデザインの望ましい在り方を知識として示すまでに限定することができ，その実現に向けた実装プロセスをマネジャーに委ねることができる。それは，科学的な厳密さが求められる研究者としては都合の良い前提であった。

　しかし，後述のように仕事のマネジャー決定主義が必ずしも現実に適合していないことを指摘する研究が現れている。もちろん，ワークデザインにおいてマネジャーが果たす役割は大きく，筆者もその重要性を否定するものではないが，マネジャー決定論という前提に立脚しない研究に基づく調査分析から，ワークデザインの実践プロセスに応用できる知見を生み出すことができるかもしれない。そうした狙いを持ちながら，以下ではマネジャー決定論を問い直した研究を紹介する。

2. ボトムアップ的オルタナティブとしてのジョブ・クラフティング

　マネジャー決定論を問い直す研究のうち，まず，ワークデザイン論を部分的に継承しているジョブ・クラフティング研究（Wrzesniewski and Dutton 2001）について取り上げる[6]。

　ジョブ・クラフティング研究は，ワークデザイン論の伝統を継承しつつも，そこではマネジャーのみがワークデザインの主体となっていたことを批判し，仕事の担い手自身が仕事に変化を加えていると主張している。ジョ

ブ・クラフティング研究はその後複数の潮流に分かれているが（cf. 高尾 2019），ジョブデザインをマネジャーによるトップダウンとし，ジョブ・クラフティングを従業員自身のボトムアップと対置する図式はほぼ共有されている（Berg, Dutton and Wrzesniewski 2013；Tims and Bakker 2010）。なお，ジョブ・クラフティングには仕事の担い手の内面に帰属しうる認知的な変化も含まれるが，ここでは従来のジョブデザインとの対比という観点から，物理的な業務の変更（タスク・クラフティング）に注目する。

　近年のジョブ・クラフティング研究の隆盛を踏まえると，従業員自身も仕事をデザインしているという見方はある程度受け入れられつつあるようにも思える。もっとも，ジョブ・クラフティングの先行要因の研究は盛んになされているものの，仕事の担い手である従業員が，個人の範囲を超えて組織においてどのように自ら仕事をデザインしうるのかというそのプロセスを明らかにしようとした研究は希少である（例外として，Berg et al. 2010）。その意味では，マネジャー決定論に立つワークデザイン論から主体を変更もしくは拡張しただけであり，砂口・貴島（2022）のジョブ・クラフティング研究の現状に対する批判のように，ジョブ・クラフティング研究は「組織の喪失」の範囲を超えた議論になっていないとみなすこともできる。

3．ジョブの構成プロセスから結び目としてのジョブへ

　ジョブ・クラフティング研究は，ワークデザイン論に内在するトップダウン的前提を批判しているものの，ワークデザイン論の延長線上にあるともいえる。次に，それらとは異なった組織社会学的立ち位置から，ジョブが構成されていくプロセスを調査し，従来のワークデザイン論が見過ごしていた視点を含めるモデルを提示した Cohen（2013）を取り上げる。なお，ここでいうジョブとは欧米の文献で見られるような，ある職名・職位のもとで従業員によって遂行されるタスクの集合（Cohen 2013, p. 432）である。

　Cohen（2013）は，DNA シークエンサーの導入をきっかけとして，そのオペレーションに関わるジョブがどのように構成されたのかを，9 つの組織の定性的調査をもとに検討した。それによって明らかにされたのは，いずれの組織においても，DNA シークエンサーのオペレーションに関わるジョブ

(e.g. Gel Pourer) が構成されるに至るまでに，問題や制度的要求をきっか
けとしてさまざまなアクター（マネジャー，ジョブの担当者，その他の組織
内の関係者，組織外の関係者）がそのジョブに関するアイデアを出し，さら
にそれを試行するなかで調整が図られ，タスクが配分されるといったプロセ
スを経ていたことである。その結果として，最終的に構成されたジョブが組
織によって異なっていることも示された。

　こうした結果を踏まえ，Cohen (2013) は，マネジャーが，ジョブの担当
者がどのようなタスクをなすべきであり，その担当者の要件はどういったも
のか，といったジョブの要素をすべて自らデザインできるというマネジャー
決定論に疑問を投げかけ，さまざまな関与者によってジョブが組み立てられ
るというジョブ・アセンブリーのプロセスモデルを提唱している。

　Cohen (2013) の分析は，さまざまなアクターや制度がジョブの構成プロ
セスに影響を与えていることを示した。そうした影響関係を踏まえて視点を
変えてみると，ジョブを，その担い手，マネジャー，その他のアクターも含
めたアクター間の相互作用や，組織構造や管理システム，組織外の諸制度等
の結節点と捉えられることも可能である。"Jobs as Gordian Knots" と題さ
れた Cohen (2016) では，ジョブをそれらが結びつく紐帯のシステムとし
て捉える見方を示している。Gordian Knots とは複雑に絡み合った縄の結び
目のことであるが[7]，先に挙げたような複数の次元のさまざまな要素が緊密に
結びついたジョブが変化しがたいことを譬えるために用いられている。

　Cohen (2016) による，複数の次元（ジョブ内部の紐帯，ジョブと組織の
紐帯，組織外との紐帯）の諸要素が結びついたシステムとしてジョブを捉え
るという提案を受け入れるならば，なぜ仕事の革新がなされないのかという
問いに対して，その原因をマネジャーの能力や意図などのみに帰するので
はなく，仕事の革新を多様な切り口から分析する必要性が導かれる。それ
は，従来の組織行動論に根差したワークデザイン論が，コンテクストの検討
の必要性をたびたび今後の課題として取り上げつつも（cf. Morgeson et al.
2010），結局はごく限定された範囲のコンテクストしか取り上げてこなかっ
たことを乗り越え，「組織の喪失」から回復するきっかけにもなりうるだろ
う。

Ⅴ．ディスカッション

　経営学は仕事のデザインから始まったということもできるが，ワーク・リデザインを志向したワークデザイン論は，研究に厳密さ（rigor）がより求められる過程でミクロな枠組みに特化し，それとともにマネジャー決定主義という暗黙の前提が強化されるという展開をたどった。近年になって，仕事のマネジャー決定主義を問い直すような研究がなされ，複数の次元から仕事に焦点を当てて分析することが提案されている。最後に，以上のような流れを確認したことから導かれうる，今後の展開について論じる。

1．仕事の革新というリサーチ・トピック
　まず，ワークデザイン論における今後の研究に関する含意を示す。前節で確認した Cohen（2016）の提案は，従来のワークデザイン論によってほとんど扱われてこなかった，ワークデザインの実装プロセスという問題に取り組む起点となりうるものである。ジョブを複数の次元の諸要素が結びついたものと捉えることで，それらの結びつきをマネジャーがすべて把握し，ジョブのデザインや革新をマネジャーが円滑に実践できる（すべき）という前提が非現実的であることを所与として，いかに仕事のデザインや革新がなされうるのかという問いを改めて重要な研究課題として認識することができる。そうした問いに基づく研究を進展させ，ジョブを成り立たせている複雑で堅い結び目をほどく手がかりを少しでも示すことができれば，これまでのワークデザイン研究の蓄積を実践的に活用する可能性を拡げることにつながる。
　いうまでもなく，ゴルディアスの結び目を一刀両断の下にほどくことができるアレクサンドロス大王（理論）は存在しない。後ほど言及する Cohen et al.（2016）では，仕事の構造を分析する5つのレンズとして，タスク／組織／システム・ポリティックス／制度／個人の選好を挙げ，マルチレベルの分析を提案している。さまざまなレンズを用いて仕事の分析を積み重ねていくことで，絡み合った結び目を解きほぐす道筋が少しずつ見いだされるのであろう。

　もっとも，上記の5つのレンズはさまざまな分析レベルをカバーしている
ものの，パッチワーク的印象は否めない。したがって，仕事のデザインや
革新に関してマルチレベルの実証分析を進めていくと同時に，どのような枠
組みに依拠することがより妥当な分析を導きうるのか，研究の理論的バック
ボーンを追究することを同時に進めていくことも必要だろう。どのような理
論枠組みがその候補となりうるのかについては本稿の範囲を超えるが，社会
物質性の議論（cf. Leonardi 2011, 2013）なども踏まえつつ批判的実在論の
採用を提案する筈井（2020）のような野心的な試みが今後もなされていくこ
とが期待される。

2．仕事研究を経営学に呼び戻す

　最後に，そうした研究に取り組む意義を，より広いコンテクストから
検討する。Cohen（2016）所収の論文集の導入章であり，"Bringing job
back in"と題されたCohen et al.（2016）では，Cohen（2016）の示唆を
踏まえて，マルチレベルの視点から仕事を分析の焦点概念（focal analytic
construct）として改めて位置づけていくことが，仕事や組織の研究を進展
させると論じている。Cohen et al.（2016）のこのタイトルは，"Bringing
work back in"というBarley and Kunda（2001）にあやかったものであ
る。Barley and Kunda（2001）は，仕事の変化と組織の変化が相互依存的
であるにもかかわらず，仕事研究と組織（化）研究が乖離していることが，
産業構造のシフトに直面した組織の変化を捉えることを阻害していると主張
していた。

　たとえば，組織研究において重要なトピックであり続けている組織変革で
も，組織変革が仕事の変革を伴うことになることは認識されているものの
（cf. Nadler and Tushman 1989），組織変革研究において仕事の革新がトピッ
クとして取り上げられることはほとんどない。しかし，先に述べたように，
複数の次元のさまざまな要素が緊密に結びついているために仕事が変化せず
組織変革が頓挫するということも十分ありうるとすれば，組織変革を仕事の
革新という「面」からも捉えていくことには理論的・実践的意義を見出せる
といえるだろう。

　すでに言及したように，そうした検討は決して容易ではない。しかし，折しも，いくつかの大手日本企業がジョブ型雇用（cf. 濱口 2021）の実施を標榜し，仕事をジョブという単位から整理しようとしている動向を踏まえるならば，仕事を焦点概念の一つと位置づけて，マネジャー決定主義に陥らずに仕事をめぐるさまざまな経営現象の観察・理解を試みるという必要性が高まっているのではないだろうか。

注

1）ジョブデザインとワークデザインはほぼ同義として用いられることは少なくないが，ジョブデザインについては，タスクの内容と組織化といった狭義のジョブのデザインに限定されることもある。それに対して，ワークデザインは，それに加えて，人間関係や役割等を含む，より広範なデザインを含むものとして用いられるため（cf. Parker et al. 2017），本稿ではワークデザインという用語を用いている。

2）Wegman et al.（2018）による，1975 年から 2011 年までの職務特性の変化に関するメタ分析によれば，その期間にスキル多様性や職務自律性は向上し，それら以外の特性についても低下は見られていないことから，彼らの予想は必ずしも的中しなかったと考えることもできる。

3）もっとも，ワーク・リデザインの意義が浸透していないがゆえに，そのような発信が掲載され続けているという見方も可能であろう。

4）そうした継承がなされなかったことの立証は難しいが，Hackman and Oldham（1980）において実装プロセスに関連する研究として紹介されていた文献の被引用数が非常に少ないことはその間接的な証拠といえる。

5）もちろん，ワークデザイン研究の精緻化はワークデザインの実践に対して負の効果のみをもたらしたわけではないと考えられる。たとえば，研究が精緻化したことで職務の「内容」をより精確に把握することが可能になったことは，ワークデザインの実践に貢献したといえるだろう。

6）組織行動研究における関連概念としては，I-Deals を挙げることもできるが（Rousseau et al. 2006），Hornung et al.（2010）では，ネゴシエーションによってジョブ・リデザインとジョブ・クラフティングを繋ぐような位置づけとされていたことなども踏まえ，ここでは割愛することとした。

7）「フリギアのゴルディオス王が結んだ複雑な縄の結び目。これを解いた者はアジアを支配するという伝説があったが，アレクサンドロス大王が剣で両断し，アジアを征服した」（『デジタル大辞泉』より引用，2023 年 4 月 30 日アクセス）。

8）厳密にいえば，Barley and Kunda（2001）と，"Bringing the firms back in" というタイトルの Baron and Bielby（1980）の 2 本の論文にインスピレーション（とタイトル）が依拠していると述べられている（p.3）。

参考文献

Barley, S. R. and Kunda, G. (2001), "Bringing Work Back in," *Organization Science*, Vol. 12 (1), pp. 76-95.

Baron, J. N. and Bielby, W. T. (1980), "Bringing the Firms Back in: Stratification, Segmentation, and the Organization of Work," *American Sociological Review*, Vol. 45 (5), pp. 737-765.

Berg, J. M., Dutton, J. E. and Wrzesniewski, A. (2013), "Job Crafting and Meaningful Work," in Dik, B. J., Byrne, Z. S. and Steger, M. F. (eds.), *Purpose and Meaning in the Workplace*,

American Psychological Association.

Berg, J. M., Wrzesniewski, A. and Dutton, J. E. (2010), "Perceiving and Responding to Challenges in Job Crafting at Different Ranks: When Proactivity Requires Adaptivity," *Journal of Organizational Behavior*, Vol. 31 (2-3), pp. 158-186.

Campion, M. A. and Thayer, P. W. (1985), "Development and Field Evaluation of an Interdisciplinary Measure of Job Design," *Journal of Applied Psychology*, Vol. 70 (1), pp. 29-73.

Cohen, L. E. (2013), "Assembling Jobs: A Model of How Tasks are Bundled into and Across Jobs," *Organization Science*, Vol. 24 (2), pp. 432-454.

Cohen, L. E. (2016), "Jobs as Gordian Knots: A New Perspective Linking Individuals, Tasks, Organizations, and Institutions," in Cohen, L. E., Burton, M. D. and Lounsbury, M. (eds.), *The Structuring of Work in Organizations*, Emerald.

Cohen, L. E., Burton, M. D. and Lounsbery, M. (2016), "Introduction: Bringing Jobs Back in," in Cohen, L. E., Burton, M. D. and Lounsbury, M. (eds.), *The Structuring of Work in Organizations*, Emerald.

Grant, A. M., Fried, Y. and Juillerat, T. (2011), "Work Matters: Job Design in Classic and Contemporary Perspectives," in Zedeck, S. (ed.), *APA Handbook of Industrial and Organizational Psychology Vol. 1. Building and Developing the Organization*, American Psychological Association.

Grant, A. M. and Parker, S. K. (2009), "7 Redesigning Work Design Theories: The Rise of Relational and Proactive Perspectives," *Academy of Management Annals*, Vol. 3 (1), pp. 317-375.

Hackman, J. R. and Oldham, G. R. (1975), "Development of the Job Diagnostic Survey," *Journal of Applied Psychology*, Vol. 60 (2), pp. 159-170.

Hackman, R. J. and Oldham, G. R. (1980), *Work Redesign*, Addison-Wesley.

Heath, C. and Sitkin, S. B. (2001), "Big-B Versus Big-O: What is Organizational about Organizational Behavior?," *Journal of Organizational Behavior*, Vol. 22 (1), pp. 43-58.

Hornung, S., Rousseau, D. M., Glaser, J., Angerer, P. and Weigl, M. (2010), "Beyond Top-down and Bottom-up Work Redesign: Customizing Job Content Through Idiosyncratic Deal," *Journal of Organizational Behavior*, Vol. 31 (2-3), pp. 187-215.

Leonardi, P. M. (2011), "When Flexible Routines Meet Flexible Technologies: Affordance, Constraint, and the Imbrication of Human and Material Agencies," *MIS Quarterly*, Vol. 35 (1), pp. 147-167.

Leonardi, P. M. (2013), "Theoretical Foundations for the Study of Sociomateriality," *Information and Organization*, Vol. 23 (2), pp. 59-76.

Karasek, R. A., Jr. (1979), "Job Demands, Job Decision Latitude, and Mental Strain: Implications for Job Redesign," *Administrative Science Quarterly*, Vol. 24 (2), pp. 285-308.

Morgeson, F. P., Dierdorff, E. C. and Hmurovic, J. L. (2010), "Work Design in Situ: Understanding the Role of Occupational and Organizational Context," *Journal of Organizational Behavior*, Vol. 31 (2-3), pp. 351-360.

Nadler, D. A. and Tushman, M. L. (1989), "Organizational Frame Bending: Principles for Managing Reorientation," *Academy of Management Executive*, Vol. 3 (3), pp. 194-204.

Oldham, G. R. and Fried, Y. (2016), "Job Design Research and Theory: Past, Present and Future," *Organizational Behavior and Human Decision Processes*, Vol. 136, pp. 20-35.

Parker, S. K., Morgeson, F. P. and Johns, G. (2017), "One Hundred Years of Work Design Research: Looking Back and Looking Forward," *Journal of Applied Psychology*, Vol. 102 (3), pp. 403-420.

Rousseau, D. M., Ho, V. T. and Greenberg, J. (2006), "I-Deals: Idiosyncratic Terms in Employment Relationships," *Academy of Management Review*, Vol. 31 (4), pp.977-994.

Taylor, F. W. (1911), *The Principles of Scientific Management*, W.W. Norton.

Tims, M. and Bakker, A. B. (2010), "Job Crafting: Towards a New Model of Individual Job Redesign," *SA Journal of Industrial Psychology*, Vol. 36 (2), pp. 1-9.

Wegman, L. A., Hoffman, B. J., Carter, N. T., Twenge, J. M. and Guenole, N. (2018), "Placing Job Characteristics in Context: Cross-Temporal Meta-Analysis of Changes in Job Characteristics Since 1975," *Journal of Management*, Vol. 44 (1), pp. 352-386.

Wrzesniewski, A. and Dutton, J. E. (2001), "Crafting a Job: Revisioning Employees as Active Crafters of Their Work," *Academy of Management Review*, Vol. 26 (2), pp. 179-201.

砂口文兵・貴島耕平 (2022),「組織行動論における組織」組織学会編『組織論レビューⅢ——組織の中の個人と集団——』白桃書房。

高尾義明 (2019),「ジョブ・クラフティング研究の展開に向けて——概念の独自性の明確化と先行研究レビュー——」『経済経営研究』第 1 号, 81-105 頁。

高尾義明 (2021),「ワーク・デザインの過去・現在・未来——第 1 回　仕事の変化を読み解くために——」『書斎の窓』第 674 号, 32-36 頁。

高尾義明 (2022),「砂口文兵・貴島耕平『組織行動研究における組織』へのコメント」組織学会編『組織論レビューⅢ——組織の中の個人と集団——』白桃書房。

筈井俊輔 (2020),『なぜ特異な仕事は生まれるのか?——批判的実在論からのアプローチ——』京都大学学術出版会。

服部泰宏 (2020),『組織行動論の考え方・使い方——良質のエビデンスを手にするために——』有斐閣。

濱口桂一郎 (2021),『ジョブ型雇用社会とは何か——正社員体制の矛盾と転機——』岩波新書。

福本俊樹 (2013),「レリバントな科学としての組織行動論——行動科学の再訪を通じた方法論的考察——」日本情報経営学会関西部会 (2013 年 2 月)。

5　組織行動研究におけるリサーチ・プラクティス問題
——学説史的な検討——

服　部　泰　宏

Ⅰ．はじめに[1]

　経営学の中で多数派を占める実証主義的研究に対して[2]，近年，その外部
（e.g. Tourish 2019）および内部から（e.g. Rousseau 2006；Lawler 2007；
貴島他 2017；服部 2022；砂口・貴島 2022），様々な批判が行われている。
理論偏重，過剰なジャーナル主義，ギャップ・スポッティング（些細な点
の問題化），独自性の喪失，ラベルの張り替え，Ｐ値ハッキング，経営者の
利害の優先，研究不正など，その論点は極めて多岐にわたるが，本稿が注
目するのは，研究と経営実践との関係（relationship between research and
practice：RRP）に関わるものである。これ自体，実に様々な議論の集合で
あるが，あえて要約するならば，実践への応用を志向して誕生した経営学に
おいて，実践的な有用性の低い研究（e.g. Rousseau 2006；服部 2022），あ
るいは実践に良からぬ影響を与える可能性のある研究（e.g. Tourish 2019）
が蔓延している，という議論といえる。

　本稿ではこのような RRP の問題について，経営学の一分野である組織行
動研究に限定して学説史的に検討してみたい。より具体的に，本研究の目的
は，組織行動研究において，過去の研究がそれぞれ，RRP の問題にどう向
き合ってきたのかを整理することを通じて，2023 年現在の我々がこの問題
について考えるためのポイントを抽出することにある。本稿では，RRP を，
現場の改善のために，研究者が臨床家として意図的に介入することに加え
て[3]，意図的な介入によってではなく，研究活動の結果として図らずも現場に
影響を与えることも含めて広く捉えている。実践家との何らかの相互作用を

伴うものである限り，社会科学の研究者が行う研究は，多かれ少なかれ実践に対して影響を与えてしまう（服部 2022）。にも関わらず，科学としての知の生産を目指す中で，実践への応用を志向するはずのこの領域において，実践への無関心が広まるといったことがありうる。本研究では，RRPという言葉をこのような広い意味で用いる。

　以下では，人間関係論，新人間関係論，グレーシャー研究に代表される精神分析学的研究，事実に基づく経営といった研究群について，(1)それぞれがどのような理論や概念，アイディアを提示したのかを最低限確認しつつ，主として，(2)そうした知識が研究者と実践家とのどのような関係の中で生まれたのか，研究者がPPRについてどう考えていたのか，どのようなRRP問題が提起されたのかを確認する。研究の結果として提示された知識よりも，むしろ，それを生み出した研究者と実践の関係性に注目することで，我々がRRP問題について議論する際の，論点を抽出することを試みる。

Ⅱ．人間関係論

1．概要と主要な発見

　有名なホーソン工場実験は，科学的管理の影響による経営合理化の流れと，それに対する懐疑という複雑な状況下で，1924年に開始された（大橋・竹林 2008）。物理的作業条件と作業能率の関係を知るために，当初はウェスタンエレクトリック・カンパニー（以下，WE社）が独自で研究を開始，後に，同社がハーバード大学のElton Mayoに協力を要請したことで，経営学史上最も有名にして最も大規模な産学連携となった。

　周知の通り，ホーソン工場実験は，「物理的作業条件と作業能率の関係」に関わる命題の実証という意味では失敗に終わるが（大橋・竹林 2008），今日の経営実践，そして経営学全体に多大な影響を与える概念や命題を残すことになった。代表的なものだけでも，ホーソン効果の発見，人間関係論の理論形成，カウンセリング等従業員施策の提案，インフォーマル集団の発見等がある。

2．ホーソン工場実験の含意

本研究が注目したいのは，この実験の RRP に関わる 2 つの含意である。

第 1 の含意は，実験の主導者である Mayo が，強い精神分析学的な志向を持っていたということである。アデレード大学で心理学を修めた Mayo は，この実験以前に，Pierre Janet 流の精神分析学的視点から，人間の非合理的，非論理的な行動に関わる研究を行っていた。哲学教授としてフランスの高校で教鞭をとりつつ，地域の病院でヒステリー患者の臨床に携わっていた Janet は，患者たちのトラウマ治療には，トラウマ記憶の想起や現状の安定化といった側面に加えて，家族や文化など本人を取り巻く全体的状況への理解とそれに基づく介入が必要であると考えた（サトウ 2021）。Mayo の研究には，ホーソン工場実験参加以前から，この全体状況的な志向性が色濃く反映されていた。例えばホーソン工場実験参加前の 1924 年に，Janet 流の精神分析学に基づく「全体状況の心理学（psychology of total situation）」の構想を発表しているが，ここにはすでに，人間の生活を要素還元主義的にではなく全体的状況の中で理解するという，人間関係論の基本テーゼが含まれている（Mayo 1924）。

第 2 の含意は，研究者とホーソン工場との間に，研究開始当初より，深刻な目的のズレがあったということである。全体状況の心理学を信奉する Mayo らのホーソン工場実験における目的は，「作業場における全体的状況の理解を通じた理論の確立」にあったが，これは「実験結果の提示によるベストウェイの抽出」という WE 社側の目的と，明らかに乖離していた（Gillespie 1991）。

ただ，ここで問題になるのは，両者の間にズレがあったということ自体ではない。2000 年以降に行われる研究者と実践家との共同研究に関わる研究によれば，研究者と実践家とはそもそも異なった知識の志向性を持っており，共同研究に際して両者の目的が一致していることの方が稀である（Sharma and Bansal 2020）。ホーソン工場実験は，研究者と実践家との共同において，両者の目的の緊張関係が表出した，経営学史上最も初期にして，最も有名な事例であったに過ぎない。今日，我々が議論するべきなのは，このような緊張関係があったにもかかわらず，両者の共同研究からな

ぜ，多くの科学的，実践的な成果が生み出されたかということである。この
点については，改めて議論することにしたい。

Ⅲ．新人間関係論

1．新人間関係論の輝き，実証主義的組織行動研究の立ち上がり

　人間関係論の問題意識を継承しつつ，批判的に発展させたのが，新人間
関係論と呼ばれる研究群である。実証主義的組織行動研究の礎を作った
Rensis Likert，アクション・サイエンスを構想した Chris Argyris，実践家
が持つ持論に注目した Douglas McGregor など，組織行動研究の萌芽期の
多くの研究者がここに含まれる。主張や方法こそ様々であるが，方法的な不
十分さが指摘された人間関係論を乗り越えるべく，厳密な科学的手続きを適
用した点，行動科学の視点から公式組織における人間行動の解明に取り組ん
だ点において，共通している（貴島他 2017）。以下では，代表的な論者であ
り，後の実証主義的組織行動研究に大きな影響を与えた Rensis Likert に注
目する。

　1946 年，ミシガン大学が調査研究センターを創設，翌年，MIT 内にあっ
た集団力学研究センターを吸収し，社会科学研究所（Institute for Social
Research）として併合する。その初代所長に就任したのが，Likert であっ
た。社会科学研究所は，オハイオ州立研究と双璧をなすリーダーシップ研究
のメッカであり，組織全体をとらえる視点を持たない人間関係論に対して，
組織の中の人間行動を，公式組織によって影響され，制約を受ける集合的な
行動のシステムとしてとらえることを目指していた（Likert 1967）。高業績
をあげている部門のリーダーと，低業績にとどまっている部門のリーダーと
の比較から，彼らは，⑴支持的関係の原則，⑵集団的意思決定と管理，⑶高
業績への期待の 3 原則からなる，経営管理システム「システム 4」を提唱し
ている。

2．実証科学的マネジメントの含意

　Likert らの研究の根底にあるのが，実証科学的マネジメント（science-based management）という考え方である。社会科学研究所の活動は，大きく分けて，(1)厳密な科学的手法の適用によって「良いマネジメント・システムのあり方」を抽出することと，(2)その結果を諸企業に導入・適応し，効果を検証していくこと，の２つから構成される。今日の実証主義的研究は(1)の流れに，サーベイフィードバックなどをベースとした組織開発に関わる諸研究は(2)の流れに，それぞれ連なるものといえる（中原・中村 2018）。

　ここに我々は，Likert の実証科学的マネジメントの混成的な性格を見出すことができる。経営学のテキストでしばしば紹介されるシステム４の諸原則は，(1)実証科学的研究の結果として抽出された「良いマネジメント」のあり方であると同時に，(2)介入的な調査の結果として，全ての組織が目指すべき到達点でもある，といえる。

　Likert の考え方の背後には，実践家が抱える問題への彼なりの洞察がある。Likert によれば，実践家の中には，優れたマネジメントを行っている人が少なからず存在するが，彼（女）らが，そのことを一つの体系として整理しているわけではなく，正しいやり方として普及する能力や時間や知識や意図を持っているわけでもない（Likert 1961）。この問題を解消するべく，Likert が提唱するのが，(1)独立変数としての管理スタイル，(2)媒介変数，(3)成果変数といった，変数のシステムを繰り返し測定し，それを実践の場にフィードバックし，現実への理解のあり方を更新していく，というやり方である。

　Likert の著作からは，研究者と実践家との関係性に関して彼が，今日の実証主義者と明らかに異なるイメージを持っていたことがうかがえる（Likert 1961）。一般的な実証主義者は，X → Y という安定的な因果関係を抽出することを目指す（服部 2020）。この場合，研究者は，因果関係の客観的な観察者であり，実践家は，因果関係に組み込まれ，結果について内省し，因果に影響を与えることはない存在と仮定される。対して Likert が想定するのは，研究者と実践家とのダイナミックな関係である。端的にいえば，(1)因果関係の測定→(2)因果の理解→(3)現実への理解のあり方の更新→(4)現実の更新（新たな行動／新たな打ち手）→(1)因果の次なる測定 ･･･ を繰り返しながら，Likert 自身が信奉するシステム４に近づいていくことを目指すのが，実証

科学的マネジメントである（Likert 1961, 1967）。ここにあって研究者は，単なる実践の観察者であり知識の生産者であるだけでなく，研究の過程で測定された結果を実践家へとフィードバックし，実践家に対して内省を迫る存在として位置付けられる。また実践家は，自らが参画する因果関係について内省し，必要であれば自らの行為や態度を変えることを通じて因果関係に変化をもたらす存在として想定されている。

　(1)→(2)で研究を完結させる今日の実証主義的組織行動研究との違いは，(3)→(4)→(5)プロセスを繰り返す中で局所的な成果を媒介としたコミュニケーションを展開することで，終局的に，実践側の問題が解決され，両者の間の緊張関係が解消されるということを想定している点にある。研究活動の結果として，終局的に（システム4という）目指すべき到達点に到達するということは，つまり，それに至る過程で抽出される因果関係を，暫定的なものであり，普遍性を持たないものと認めることに等しい。Likert 自身は明記していないが，これは，社会科学における因果関係を後に紹介する今日の実証主義研究よりもかなりダイナミックで，暫定的に捉える見方といえる。実証科学的マネジメントにおいて，実証研究の結果とは，研究を行った特定の組織において，研究を行った時点において成立しているという意味で，局所的な成果に他ならないわけである。

　研究の過程で算出される成果の局所性を認め，終局的には普遍性の高い成果にたどり着くことを目指すという意味で，Likert は経験的な成果の確からしさに関してかなり慎重な立場をとっていたことになる。ただし，Likert の実証科学的マネジメントが向かうのは，システム4の正しさの確認という一つの終局であることに，改めて注意が必要である。経験的な成果の局所性を認めつつも，それはあくまで理論の普遍性を前提としているという意味で，多分に規範的な性格の強いものであるといえよう。

Ⅳ．精神分析学的組織行動研究

1．グレーシャー研究

組織行動研究における RRP を語る上で見過ごすことができないのが，精

神分析学の影響である。あまり知られていないことであるが，精神分析学の創始者 Sigmund Freud は，1920 年の時点ですでに，軍隊組織などに対する精神分析的な研究を行い，個人の幼児体験が，成人後の組織での経験や組織的な意思決定に影響すると報告している（Freud 1922）。Mayo のバックグラウンドが精神分析学にあり，人間関係論の議論が多分に Freud や Janet の影響を受けていることはすでに述べた通りであるが，これをより直接的に継承し，研究方法として確立させたのが，Elliott Jaques が主導するグレーシャー研究である。

　イギリスのグレーシャー金属会社と Jaques が率いるタビストック研究所の共同により，1948 年から 1951 年にかけて行われたグレーシャー研究は，知の生産と現場の改善の両立を強く意識したものであった。同社社長 Wilfred Brown がタビストック研究所に調査チームの派遣を依頼したことに端を発し，英国政府からの資金的援助を得てプロジェクトが推進。政府からの援助が終了した後は，Jaques が同社の顧問社会分析家となって研究を継続させた。一連の研究からは，職務の遂行から評価に至るまでの時間幅こそが，個人が「公正」と考える給与水準の決定基準になりうる，という重要な命題が生まれている。

2．グレーシャー研究の含意

　Jaques は自らのアプローチを社会分析（social-analysis）と呼んでいる。これは実践的課題の生起を契機に，⑴研究者への依頼→⑵問題状況の分析→⑶分析結果の提示→⑷戸惑い，疑問の発生→⑸解決案の提示→⑹解決策の分析と問題の明確化といった流れで進む，一連のプロセスを指す。このうち⑴⑷⑸が実践側，⑵⑶⑹が研究者側のタスクである。彼らの研究においては，科学的な知識の生産と現場の改善とが，同等のウェイトを持っていたことがよくわかるだろう（Bion 1948；Jaques 1961）。

　Janet や Freud は，人間に関わる現象の理解にとって，自分を分析しようとする当人と，その目的達成のために援助する専門家とが，共に重要な役割を果たすと考えた（サトウ 2021）。精神分析において，クライアントは，（精神分析家が行う）分析（診断）結果について内省し，自らの問題解決の

ために行動できる存在とみなされる。ただ同時に，クライアントは，突きつ
けられた結果に戸惑い，疑問を呈する存在でもある。分析（診断）結果と正
しい行動との間に，クライアントの複雑な精神状態が介在する，と考えるの
である。そこで重要になるのが，直面する課題に対して自ら取り組む当人
を，専門家として支援するという精神分析家の役割である。

　グレーシャー研究もまた，共同研究における研究者の役割を，直面する課
題に対して自ら取り組む実践家を専門家として支援することと定位し，この
ような意味での研究者と実践家との関係を，「専門家的関係の枠組み」と呼
ぶ（Jaques 1961）。研究者は，確かに，特定の現象に対する「専門家」であ
るが，彼（女）単独では当人が抱える問題の解決ができない。Jaques の社
会分析は，このような前提に立って，上記の(1)～(6)を通じて科学的な知識の
生産と実践の改善の両立を目指すアプローチである。「分析結果→正しい行
動」という素朴な帰結を想定していた新人間関係論と，この点において大き
く異なっている。

　繰り返し述べているように，グレーシャー研究は，理論の生産・検証と，
現場の改善とを，同等の価値を持つ研究目的として設定する。研究目的をこ
のように設定することで，ホーソン工場実験で顕在化した緊張関係の問題が
解消される。研究者が取り組むのは，ある組織のある時点における課題であ
り，一つ一つの研究から普遍的な成果を即時的に得ることはできないが，研
究を繰り返す中で終局的に，普遍性の高い理論に到達すると考えるのである
（Jaques 1961）。

　方法的な稚拙さが目立つ人間関係論とは異なり，より厳密な意味で，精神
分析学の知見を持ち込んだグレーシャー研究であるが，彼らの議論が組織行
動研究の主流となることはなかった。1940 年代から 50 年代，アメリカにお
いては新人間関係論が全盛を迎えており，その後の実証主義の本流（あるい
は奔流）の中で，グレーシャー研究が組織行動研究に持ち込んだ RRP の議
論は，大きく後退していった。当のタビストック研究所メンバーの関心も，
やがてソシオテックシステムへとシフトし，精神分析学的志向性が失われ
ていくことになる。ただし，彼らの視点は，ハーバード大学グループが展
開する精神分析学的組織行動論として（e.g. Levinson et al. 1961；Kets de

Vries and Miller 1984），他方で，プロセスコンサルテーションやそれに依拠する組織開発的研究として（中原・中村 2018），非本流の中で継承されていく。

3．Kets de Vries と Miller の精神分析学的組織行動研究

　実証研究の主流派と距離を取りつつ，RRP 問題に向き合い続けたのが，ハーバード大学の研究者たちである（e.g. Levinson et al. 1961；Kets de Vries and Miller 1984）。例えば Kets de Vries and Miller（1984）は，組織の中の個人が持つ，合理性に還元できない心理面に注目し，それがどのように組織現象として現れるか，という問題を探究している。彼らの研究は，⑴組織的症状の傾聴→⑵症状の背後にある問題と原因を特定→⑶処置のための代替案を提示し，最適なものを選択→⑷実行プランを作成するという流れで，現実の組織へと介入を行う，というものである。

　実践への介入のあり方に関するスタンスに違いはあるが，現実の組織問題の解決と科学的な知見の導出を両睨みにするという点において，グレーシャー研究と共通する部分が多い。このグループからも，「組織における個人のアイデンティティ」「上司と部下の関係性における力動的問題」「組織内で個人が経験する悲しみへの対処」「メンタリングの非合理的側面」といった，数多くの理論的知見が生み出されている。

Ⅴ．実証主義的組織行動研究の興隆

1．実証主義の興隆，RRP の後退

　ハーバードグループの奮闘を尻目に，1960 年代以降，組織行動研究は実証主義的研究の全盛期に入る。服部（2016）によれば，1950 年代から 60 年代は，組織行動研究における重要なコンセプトや方法，ものの見方の多くが登場した時期であり，Thomas Kuhn のいうパラダイム形成期にあたる。多くの領域において，その後の研究者たちが解くべきパズルがこの時期に提示され，以降の「パズル解き」のフェーズにつながった。その際，1960 年代以降，組織行動研究の研究数は，指数関数的に増加することになる（服部

2016)。

　この実証主義的研究の本流（奔流）の中で，組織行動研究の表舞台から，RRPへの関心が大きく後退することになる（服部 2020）。「パズル解き」は，必然的に，研究分野の細分化につながる。特定の現象について厳密な因果関係の探求を行うためには，特定のジャーナルに関わる人々が，その現象に通じた専門家の集団でなければならない。当該領域における日進月歩の研究蓄積をフォローしていなければ，特定の研究が取り組んでいる因果関係の是非を評価することができないからである。結果，特定のジャーナルに関わるレフェリーは同じような顔ぶれで構成されることになり，その領域でオーソドックスでない分析手法や理論を用いた研究がそこに掲載される可能性は低くなる。レフェリー達が自らの業務を忠実に，実直に行おうとすればするほど，その研究領域は外部に対して閉じたものになっていく（Lawler 2007）。

　こうした科学コミュニティの閉鎖性が，図らずも，実践に対する科学の閉鎖性を招来してしまった（服部 2020）。科学的な知識の正当性が，測定や分析の厳密性と，限られた領域内の専門家からの評価によって担保されるということは，要するに，その研究の権威や正当性の評価において，それが使用される社会よりも，同じ分野の専門家の眼差しが優先されることを意味する（Lawler 2007）。そうなれば研究者は，自らが生み出す理論が，実践家に対してどのような影響を与えるかであったり，それが実践の側によって使われるかであったりということに，関心を持たなくなっていく。これが，組織行動研究においてRRPに対する無関心が広まることになった原因であろう。

2．エビデンス・ベースド・マネジメントの議論が提起したもの

　冒頭で述べたように，こうした現状に対して2000年以降，組織行動研究の内外からの批判的な議論が起こる。その中でも，事実に基づく経営（Evidence-Based Management：EBMgt）と銘打たれた研究群は，経営の実践においてなぜ経営学が「使われていない」のか，という重要な問題を提起した（e.g. Rousseau 2006；Barends and Rousseau 2018）。その代表的論者である，Denise Rousseauは，「私が最も落胆したのは，研究における発

見が職場に十分に反映されていないことだった」(Rousseau 2006, p. 257)
と述べ，研究者の生み出す知識が実践で使用されないという意味でレリバン
ス喪失が起こっていると指摘する。

　レリバンス喪失の原因として，彼女らが指摘するのが，研究者と実務家
との間の需給ギャップである。Rousseau (2006) によれば，経営学者の関
心が主として，組織や個人がなぜ（why）そのように動くのかという点にあ
るのに対して，実務家の関心は，組織や個人を動かすにはどうすればよい
か（how）にある。この需給ギャップこそが，レリバンスの喪失をもたらし
た要因だというのである。その上で，彼（女）らは，経営学者は理論の提
示から事実の発見へとシフトするべきである，と主張する（e.g. Rousseau
2006）。具体的に，EBMgt 論者たちが想定するのは，以下のような手続きで
ある（Barends and Rousseau 2018）。

　(0)　研究者による良質の事実の生産
　(1)　実践上の課題を，解答可能な形に翻訳
　(2)　体系的な検索により，既存の事実を取得
　(3)　事実の信憑性や当該組織の現実との関連性を批判的に検討
　(4)　種々の事実を比較検討し，整理する
　(5)　現実の意思決定に，事実を組み込む
　(6)　意思決定の結果，望ましい結果が得られるかどうか評価する

　EBMgt は，明らかに，実証主義的研究の延長線上にあるものといえる
が，いくつかの重要な違いもある。第1に，理論よりも事実の生産にウェイ
トを置くこと，第2に，研究成果の実践への実装を企図するという意味で
RRP 問題を主題化していること，第3に，実践家による因果関係への関与
を想定していること，である。ここで特筆するべきは，第3の点であろう。
一般的に，実証主義的研究においては，当該因果関係に対して，調査対象で
ある個々の行為者が重大な影響を与えることはないという仮定が置かれる。
例えば，マネジャーのリーダーシップスタイル（X）と，高いチーム成果
（Y）の関係を検討する場合，一般的な実証主義者は，当の実践家はこの因

果関係の外側にいる（あるいは内側にいるとしても因果関係自体に影響を与えない）と考える。マネジャーたちが「X → Y」という知識を得ることはない，仮にそれを知り得たとしても，彼（女）らはこの因果関係に影響を及ぼすことはなく，したがって，彼（女）らの行動の変化の結果として X → Y という因果関係が揺らぐことはない，と考えるのである。自らの研究成果の「普遍性」を主張するとき，実証主義者は，現象と研究対象の関係に関してこのような想定をしていることになる。

　対して EBMgt においては，実践家を，研究成果について内省し，その結果，自らの行動を変容させる存在と捉える。「X → Y」という結果を提示された実践家は，自らの行動を X に近づける努力をするだろう，と考えるのである。実証主義的な研究者よりも，因果関係をダイナミックで暫定的なものと捉えているのである。

Ⅵ．実践とどう対峙するか

　ここまで，過去の組織行動研究がそれぞれ，RRP の問題にどう向き合ってきたのかということを駆け足で紹介してきた。ホーソン工場実験によって顕在化したのは，研究者と実践家の目的の緊張という問題である。新人間関係論やグレーシャー研究など，その後の研究においても繰り返し提示されることになるアポリアであるが，この問題については，2000 年代に入ってようやく，研究者と実践家との共同研究に関心を持つ研究者たちによる理論的／経験的研究が開始されている（e.g. Sharma and Bansal 2020；服部 2022）。議論するべき問題は山積みであるが，本稿から見えてきた一つの重要な論点は，このアポリアの克服に大きく分けて 2 つのアプローチがあるということである。一つは，組織行動研究の目的に，実践の改善という活動を明確にビルドインするというやり方。グレーシャー研究に代表される精神分析学的研究，近年でいえば，伊藤（2022）や伊達（2022）が標榜する臨床的な研究は，この系列に位置づけられるだろう。もう一つは，両者の目的を一致させるのではなく，手段に関する認識を収斂させるというやり方である。Weick（1969）がいうように，二者の共同において，仮に両者が目指す目的

が全く異なっていたとしても，一方が他方の目的達成にとっての手段となり
得るような関係を構築できるならば，両者の共同は十分に成立する。このよ
うな発想から，緊張関係の克服を試みたのが EBMgt である。Rousseau ら
が企図するのは，「良質なエビデンスの生産に注力する研究者と，そのエビ
デンスを用いて実践の改善を目指す実践家」による，新しい RRP のあり方
である。ここにあって研究者と実践家とは，依然として，（知の生産と実践
の改善という）別々の目的を目指してそれぞれに行為する者同士であるが，
両者はお互いがお互いの手段（研究者にとって実践家は知の生産に不可欠の
データを提供してくれる存在であり，実践家にとって研究者は意思決定に必
要な事実を提供してくれる存在）となりうることを認識している。そのこと
によって，両者の間で目的のすり合わせをせずとも，お互いがそれぞれの目
的に到達しうる，というのである。あくまで推測であるが，ホーソン工場実
験においても，Weick がいう意味での手段に関する認識の収斂が起こって
いた可能性がある。「緊張関係があったにもかかわらず，両者の共同研究か
らなぜ，多くの科学的，実践的な成果が生み出されたか」という観点から，
ホーソン工場実験を再検討する意義は大きいはずである。繰り返しになる
が，重要なのは緊張そのものの存在ではなく，それを前提として，どのよう
な両者の関係をつむぎだすかという議論をすることである。

　新人間関係論の代表的研究者 Likert は，研究者と実践家との関係を，実
証主義的研究が生み出す暫定的でローカルなエビデンスを媒介とした，ダイ
ナミックなものと捉えた。今日，私たちが議論するべきなのは，Likert が想
定した(1)因果関係の測定，(2)因果の理解，(3)現実への理解のあり方の更新，
(4)現実の更新というプロセスが，彼が想定したほどうまく回らないのはなぜ
かという問題である。(2)(3)(4)の経路について，EBMgt や Likert はかなり楽
観的な見方をしているが，研究者による分析結果の提示と実践家の現実への
理解の更新との現実における関係は，彼らが想定するほどスムーズなもので
はない。

　1960 年代から 90 年代にかけて，組織行動研究は実証研究の最盛期に突入
するが，皮肉にもこの時期，組織行動研究における RRP 的関心が大きく後
退する。その意味で，EBMgt を，RRP 問題を改めて主題化する試みとして

評価することができる。「組織行動研究者が実践家の意思決定に資するような事実を提示することができれば，経営学のレリバンスが回復される」という彼（女）らの議論を，Likert の実証科学的マネジメントの発展的継承と位置付けることも可能だろう。

　このように，EBMgt が投げかけた議論の重要性を認めつつも，そこにはまだまだ検討するべき余地が多く残されているといわざるを得ない。とりわけ重要なのは，現象と研究対象たる実践家の関係に関して，EBMgt 論者たちはかなりナイーヴな仮定を置いている，ということである。

　（おそらく当の研究者たちは明確には意識していないが）EBMgt において，Likert が想定した暫定的でローカルなエビデンスを媒介とした研究者と実践家とのダイナミックな関係という視点が復活することになった。研究の成果として導出された知を，一般的な実証主義者が仮定するよりも暫定的なものとみなし，「知っている」ということについて懐疑的な立場をとることを推奨する批判的実在論（Fairclough 2005），科学的な知見を目の前の現象を理解するための暫定的な道具とみなし，知の価値基準を現象の説明における有用性や機能性に求めるプラグマティズムにも通ずるものであり（Dewey 1920），これは明らかに，新しい RRP のあり方を示唆するものである。ただし，EBMgt 論者たちは，実践家と研究者の関係とはいかなるものであるか，研究者が提示する因果関係を実践家はどのように捉え，どのように反応するか，その結果として，彼（女）らは当の因果関係に対してどのような影響を与えるのか，といった点について，明確な説明をしていない。例えば彼（女）らは，実践家が研究成果を参照し，内省する結果として，自らの行動を変容させる可能性を認めつつも，その結果として，因果関係それ自体に変化が生じる可能性については検討していない。研究者が紡ぎ出した事実を参照した結果として，実践の側に内省が起こり実践に変化が生じたとすれば，そこで参照された事実は最早，EBMgt 論者たちがいうような厳密な事実（hard facts）とはいえない何かであろう（Pfeffer and Sutton 2006）。こうした問題をどう理解するべきか，更なる議論が必要である。

　また私たちは，実証主義的研究への自己批判としてスタートした EBMgt の議論が，結局，実証主義的な研究の卓越性，しろうと理論に対する科学知

の優越性を主張する議論になってしまっていることにも，気づかなければならない。研究者が提示するエビデンスは，確かに，現実に対する実践家の理解を相対化し，鍛えあげることに寄与するだろう。ただしそれは，科学的な理論やエビデンスが，実践家の「しろうと理論（lay theory）」よりも優れているということでは決してない（服部 2020）。精密に組み立てられた理論と高度な分析手法を駆使して抽出されたエビデンスを示し，しろうと理論を正すことだけが，我々にできる唯一の貢献ではないはずである。

　目的の共有ではなく，手段に関する認識の収斂であることを顕在化させた人間関係論。実証科学的マネジメントを標榜し，厳密な科学的手法の適用と，その結果の実装を共に自らの研究活動の中心に据えていた新人間関係論。研究者と実践家との対等な関係として専門家的関係を定位したJaques。実証主義的研究の最盛期にあって，現実の組織問題の解決という臨床的活動と，科学的な知見の導出の同時追及を行ったハーバードグループ。RRP の問題に向き合い続けた過去の議論を再訪し，実践との対峙の仕方の今日的なバリエーションを探ることが，必要なのではないだろうか。

注
1）本稿の作成にあたって多くの方からコメントをいただいた。特に同社社大学の福本俊樹先生，京都大学の伊藤智明先生，ビジネスリサーチラボの伊達洋駆先生のコメントは，本稿作成に大きく寄与している。感謝したい。
2）ここでは実証主義的研究を，存在論的レベルにおいては実在論，認識論レベルにおいては実証主義の立場をとる研究，と定義する。
3）狭義の RRP に関する議論としては，伊達（2022）や伊藤（2022），江夏（2022）などを参照されたい。

参考文献
Barends, E. and Rousseau, D. M. (2018), *Evidence-Based Management: How to Use Evidence to Make Better Organizational Decisions*, Kogan Page Publishers.
Bion, W. R. (1948), "Experiences in Groups," *Human Relations*, 1 (3), pp. 314-320.
Dewey, J. (1920), *Reconstruction in Philosophy*, Henry Holt & Co.
Fairclough, N. (2005), "Peripheral Vision: Discourse Analysis in Organization Studies: The Case for Critical Realism," *Organization Studies*, 26 (6), pp. 915-939.
Freud, S. (1922), *Group Psychology and the Analysis of the Ego*, James Strachey.
Gillespie, R. (1991), *Manufacturing Knowledge: A History of the Hawthorne Experiments*, Cambridge University Press.
Jaques, E. (1956), *Measurement of Responsibility*, Tavistock.

Jaques, E. (1961), *Equitable Payment*, Heinemann.

Kets de Vries, M. and Miller, D. (1984), *The Neurotic Organization: Diagnosing and Changing Counterproductive Styles of Management*, San Fransisco: Jossey-Bass.

Lawler, E. E. (2007), "Why HR practices are not evidence-based," *Academy of Management Journal*, 50 (5), pp. 1033-1036.

Levinson, H., Price, C. R., Munden, K. J., Mandl, H. J. and Solley, C. M. (1961), *Men, Management, and Mental Health*, Harvard University Press.

Likert, R. (1961), *New Patterns of Management*, McGrow-Hill.

Likert, R. (1967), *The Human Organization: Its Management and Value*, McGrow-Hill.

Mayo, E. (1924), "The Basics of Industrial Psychology: The Psychology of the Total Situation is Basic to a Psychology of Management," *Bulletin of The Taylor Society*, 9 (6).

Pfeffer, J. and Sutton, R. I. (2006), *Hard Facts, Dangerous Half-Truths, and Total Nonsense: Profiting from Evidence-Based Management*, Harvard Business Press.

Rousseau, D. M. (2006), "Is There Such a Thing as Evidence-Based Management?," *Academy of Management Review*, 31 (2), pp. 256-269.

Sharma, G. and Bansal, P. (2020), "Cocreating Rigorous and Relevant Knowledge," *Academy of Management Journal*, 63 (2), pp. 386-410.

Tourish, D. (2019), Management Studies in Crisis: Fraud, Deception and Meaningless Research.

Weick, K. E. (1969), *The Social Psychology of Organizing*, 2nd ed., Addison-Wesley.

伊藤智明 (2022),「苦悩する連続起業家とパートナーシップ生成――二人称的アプローチに基づく省察の追跡――」『経営行動科学』第33巻第3号, 119-141頁。

江夏幾多郎 (2022),「経営学と臨床――研究特集に寄せて――」『経営行動科学』第33巻第3号, 65-75頁。

大橋昭一・竹林浩志 (2008),『ホーソン実験の研究』同文館出版。

貴島耕平・福本俊樹・松嶋登 (2017),「組織行動研究の本流を見極める――人間関係論, 組織開発, アクション・サイエンス――」『国民経済雑誌』第216巻第2号, 31-55頁。

サトウタツヤ (2021),『臨床心理学史』東京大学出版会。

砂口文兵・貴島耕平 (2022),「組織行動研究における組織」組織学会編『組織論レビューⅢ――組織の中の個人と集団――』白桃書房。

伊達洋駆 (2022),「経営組織の臨床に対価はどのような影響を与えるか」『経営行動科学』第33巻第3号, 97-118頁。

中原淳・中村和彦 (2018),『組織開発の探究』ダイヤモンド社。

服部泰宏 (2016),「人事管理の基底として個人-組織関係――欧米における研究の系譜と日本型マネジメントへの示唆――」『横浜経営研究』第37巻第1号, 85-109頁。

服部泰宏 (2020),『組織行動論の考え方, 使い方』有斐閣。

服部泰宏 (2022),「産学連携型の共同研究における学術的成果と実践的成果の両立――質的比較分析 (QCA) による先行要因の探究――」『経営行動科学』第33巻第3号, 77-96頁。

第Ⅲ部

ワークショップ

6 学史研究と実証研究の対話
——経営学史学会は経営学の発展へ向けて何をすべきか——

上　林　憲　雄
庭　本　佳　子
貴　島　耕　平
磯　村　和　人

Ⅰ．ワークショップ企画の趣旨

　時代の趨勢か，経営学史への関心が急速に低下している。われわれ経営学史学会の規模縮小に歯止めがかからず，会員数は減少の一途を辿っている。

　背景には，これまでの経営学の系譜から現状を冷静に見つめ，未来を展望するという経営学史研究ならではの利点が，一般社会や一部の経営学研究者に正確に理解されていないという状況がある。とりわけ，昨今のわが国の学術政策のもと，研究業績を短期のうちに量産する必要に迫られている若手研究者にとっては，経営学史研究は相当に敷居が高く捉えられ，自身が取り組む研究課題とは無関係な研究アプローチとして受け取られてしまっているという実態がある。[1]

　当ワークショップの企画者である上林がかつて非公式に若手研究者や大学院生へのヒヤリングを実施したところ，その多くは，経営学史学会では過去の特定学説のみが取り上げられ，その主張の細部を吟味することがメインの，ごく一部に閉じた議論しか行われていない学会であるという極めて偏った印象を持たれていることがわかった。中には「経営学史」という研究領域が存在することすら認識せず，誤解して「経営史」と同一視する若手研究者も居た。要は，当学会の存在感が極めて希薄で，われわれの学会活動がそもそも正しく伝わっていないのである。

　確かに，経営学史を研究対象に据えて論文を執筆するには，学説や理論に対するそれなりの知識が必要である。学史研究のおもしろさが実感できるようになるには，それ相応の時間とエネルギーが必要で，大きな俯瞰的視座や洞察力の涵養など息の長い鍛錬が要請されることもまた事実である。特定学説の細部の検討ももちろん重要で，それなくして経営学史研究は成り立たないことも否めない。

　しかし，学史研究はもとより過去に閉じたものではない。当学会の設立趣意書にも記載されているとおり，学史研究の目的は，「単に懐古趣味にとどまるものではなく，むしろ積極的に将来への発展の道を発見するところに意味がある」[2]はずである。若手研究者の学史研究への誤解や関心低下をこのまま放置していては，歴史的な長期スパンで経営現象を捕捉し未来を展望しようとする姿勢がますます減退し，学術研究としての経営学の発展が停滞してしまいかねない危惧がある（上林 2022）。

　経営学史学会第30回大会では，学会設立30年を機にこうした問題を考えるためのワークショップを，大会最終日の午後に2時間半の特別枠として設けていただいた。当学会としてこの問題をどのように捉え，どういった具体的アクションを今後とっていく必要があるかについて，会員相互でまずは問題意識を共有し，参加各位と議論する場とすることを目的として企画をお認めいただいたものである。

　ワークショップ当日には，学史的視座を根底に据えて現代経営の諸問題を捉え，実証的研究をも手掛けておられる庭本佳子（神戸大学），貴島耕平（関西学院大学），磯村和人（中央大学）の3氏にご登壇いただいた。ファシリテーターの上林による企画趣旨の説明に続き，登壇3氏に，研究内容を含めた簡単な自己紹介，学史研究を手掛けておられる立場ならではの現代経営現象の捉え方のメリットや課題等について，それぞれ20分程度のご報告をいただいた。残った時間で，ファシリテーターによる進行のもと，フロアを含めた自由闊達な意見交換を行い，経営学史研究の意義や在り方，実証研究との橋渡しとなるためのアプローチについてディスカッションが展開された。

　本稿の以下Ⅱ～Ⅳは，登壇3氏による報告内容の要約と，当日のディス

カッションを踏まえたうえで各位が考える当学会の今後への展望を取りまとめた記録である。Ⅱは庭本，Ⅲは貴島，Ⅳは磯村の各氏によるそれぞれの執筆で，本節Ⅰおよび末尾のⅤは上林による執筆となっている。[3)]

Ⅱ．経営学史研究と実証研究とが架橋される可能性と課題

　本ワークショップでは，経営学史・理論研究の実践性について，実証研究との相互補完の観点から経営学史・理論研究の課題と展開可能性について報告を行った。具体的には，実証研究を理論系譜に位置付け批判的に検討していくこと及び実証研究を学史・理論的視座からサポートすることという点から両研究アプローチの相互補完の可能性を検討した。

1．報告者の問題意識

　経営学における理論と実践との関係や，学としての実践性については，本学会でも従前から繰り返し議論されてきた。もっとも，実証研究数が非常に増加している昨今の状況を踏まえて，ある種の危機感を示唆するような統一論題テーマが組まれるようになったのは2015年頃からである。実際，2016年の年報巻頭の言では，「近年の若い世代の研究者の学史研究離れの傾向に対して，経営学史研究の意義を積極的に示す」とされている（ⅰ頁）。これ以降も，年報巻頭の言の記述や大会の統一論題テーマ・サブテーマからは，実証系研究重視の動向に対する本学会及び経営学史研究の意義を示していく姿勢がうかがえる。また，年報掲載の論文を見ても，経営学史研究の位置づけや方法を再確認し，その意義を明らかにすることで実証研究の世界への態度としてきたことがわかる。

　もとより，経営学史・理論の実践性は，経営学の歴史性，批判性，思想性から導出される。すなわち，経営学においては過去を反省的に学び現前の経営を批判的に分析すること及び価値的視点を伴っていることから，学としての実践性が担保されているのである（庭本 2007, 2012）。このように，経営学史・理論研究の実践的意義として，とりわけ経営理論を批判的に吟味し未来を展望することが強調されてきた。

　他方で，経営学史・理論研究の方法や態度の意義，独自性が強調されれば
されるほど，それだけではむしろ他の世界とのやり取りが難しくなるように
も思われる。とりわけ，実証研究や多様な方法での経営学領域の研究が展開
されている今日，他の世界との対話なしには長期的には学史研究の可能性を
狭めることになるかもしれない。また，本学会では経営学史・理論研究の意
義として実践性が強調されてきたものの，現実には概念の抽象度，歴史的背
景の問題から，具体的な事象の分析の際には直接的な理論の活用が難しい。

　このような問題意識から，ワークショップでは相互補完の可能性の観点か
ら今日における経営学史・理論研究の展開可能性について報告・ディスカッ
ションを行った。報告者は 2012 年に経営学史学会に入会して以降，とりわ
け資源ベース視角（RBV: Resource-based View）や組織能力論，人的資源
管理（HRM: Human Resource Management）論の理論系譜を辿りながら
HRM パラダイムの学史的考察を行ってきた（庭本 2014, 2016 など）。また，
主に人事管理領域での実態調査分析，競争優位の視点からの実証的な人事シ
ステム分析も行ってきた（Niwamoto 2018；庭本 2019 など）。一連の研究か
ら具体例を示しつつ，経営学史・理論研究と実証研究が相互補完しうる 3 つ
の場合と課題を検討した。

2．経営学史・理論研究と実証研究が相互補完する可能性

　第 1 に，経営学史・理論研究がイニシアティブをとって，経営学史・理論
的方法によって実証研究の評価を行っていく場合である。とりわけ，優れた
実証研究を学史的視座から位置付けていくことによって当該実証研究の意義
を明確にすることが考えられる。

　例えば庭本（2022）では，小池・猪木（1987）等の実証研究で導出された
知的熟練概念の意義と射程が，RBV の学史・理論的視座から明らかにされて
いる。知的熟練は，現場従業員の技能自体を段階的に習熟させ，習熟過程
で生産の無駄をなくすノウハウをルーティン化するので，資源の効率化効果
の観点から静的環境を前提とした経済合理を達成する。また，知的熟練は，
企業内 OJT，資格制度および報酬制度によって形成・促進され，時間の経
過とともに企業特殊的に蓄積される。これらを踏まえ，小池らの実証研究で

展開された知的熟練概念が，RBV のいう企業特殊的な経営資源の競争優位性をミクロ的に実証していることを考察している。

第 2 に，経営学史・理論研究がイニシアティブをとって，実証研究が暗黙裡に前提としている理論フレームワークについて，経営学史・理論研究の視座から批判的に考察する場合である。

例えば，庭本（2021）では，HRM 論の人間観について批判的吟味が行われ，HRM 論領域の実証研究が前提としている理論フレームワークの適切性が検討されている。具体的には，バーナード理論における人間観についての学史的検討から，協働する人間の複雑な動機や，組織と個人のコンフリクトと相互的発展の根拠が明らかにされた。他方で，HRM パラダイムは，人間の非人格的・機能的側面を理論前提としており，HRM と高業績のリンクに関する実証研究も，人的資源観の下で進められてきた。ここに，人的資源観を前提とする HRM 論のフレームワークを安易に適用して，ワークライフバランス現象等の組織と個人の複雑なコンフリクトに関する実証分析を行うことの潜在的な矛盾が示唆されるのである。

この点に関して，報告者は日本企業の人事システムの実証研究プロジェクトに加わったことがあるが（庭本 2019），経験上，実証研究が行われている最中に，実証するための分析枠組み自体の評価をするのは非常に困難である。やはり経営学史・理論研究において，実証研究が暗黙裡に前提としている理論フレームワークの検討を批判的に行うということは非常に意義があると思われる。

第 3 に，実証研究によるイニシアティブで研究プロジェクトが進められる際に，経営学史・理論研究との協働を通してある経営現象の言語化や概念化が図られていく場合である。実証研究の中でも，とりわけインタビュー調査と解釈主義的グラウンデッドセオリー・アプローチによるデータ分析の方法が用いられる際に，経営学史・理論研究の視座が当該分析の質を高めうる。

本来，実証分析で目の前の現象を把握する場合，最もありのままに現象を描けるとすれば，行為者の内的視点を通してである。内的視点から現象を観察し概念化するプロセスは，バーナードにおいて実務家・経営者の視点で体感された組織とその管理現象を理論体系にしていくというやり方で示された

方法である。

　しかし，実証研究でどんなに実践に近づいて観察したとしても，研究者は行為者本人ではないので行為実践を行為者目線で完全に描き出すということは不可能である。したがって，実際のインタビュー調査では，対象者からの内的視点での語りをいかに上手く引き出していけるのか，またその語りをいかに解釈し概念化していけるのかということが，調査の質を決定する。

　対象者の行為実践を言語化するプロセスに関して，庭本（2012）では，バーナードの理論構築方法を参照しながら，行為者の内的視点から行為実践を観察するという方向性が示されている。これによれば，実証分析においても，経営学史・理論的な知見を駆使して調査対象者が言語化するのに苦労するような行為実践や感覚を理論や概念と擦り合わせ，対象者の語りを引き出すというサポートの仕方が考えられるのである。

3．相互補完に向けた経営学史・理論研究の課題

　上述のように，経営学史・理論研究と実証研究の相互補完の可能性が考えられるが，現実には課題も多い。そもそも，経営学史・理論研究と実証研究の世界は，その目的や方法，態度が大きく異なる。それゆえ，経営学史・理論研究者と実証研究者との共同研究の際にも，一つの調査プロジェクトの中で両研究アプローチを安易に接合することは，ほとんどの場合困難であると思われる。

　その上で，経営学史・理論研究と実証研究との対話の方向性として，①新しく展開されている理論や概念を学説史に批判的に紐づけていくこと，②優れた実証研究を積極的に学史的・理論的視座から評価していくこと，③実証研究者との共同研究プロジェクトを通して経営学史・理論的な知見から具体的な経営現象の概念化を行っていくことが考えられる。

Ⅲ．大会テーマおよび運営面の課題と改善策

1．当学会が抱える問題

　本ワークショップの企画者である上林は，「経営学史学会の良さを理解し

てもらいたい（誤解を解きたい）」「実証研究と学史研究の橋渡し」といった問題意識を持っており，筆者もその趣旨には強く賛同する。しかし，そのためにはいくつか課題があることも事実である。そのため，本稿では，当学会の現状を踏まえた上で，当学会が抱えるいくつかの課題とその改善策を検討していく。

第1に，上林の問題意識にある通り，当学会の規模縮小が挙げられる。[4] 当学会は1993年に設立され，当時の会員数は262名であった。その後，学会創立10周年においては，337名にまで会員数が増加した。しかし，2021年においては，230人まで減少し，設立当初の人数を下回る状況である。また，会員数の内訳を見てみると，2021年では，普通会員が204名，終身会員が13名，院生会員が13名となっている。とりわけ注目したいのは，院生会員の数であり，最大で30名いた2013年時に比べ，半数以下にまで減少している。このことから，会員数の減少に伴い，若手の研究者の当学会への参加も減少していると言える。

第2に，当学会で取り扱うテーマの内容が漠然としていることが挙げられる。当学会は，創立期から，経営学における著名な研究者や，経営学の理論の在り様などを統一論題のテーマとして設定してきた。また，近年においても，2013年から2016年までは，「経営学の貢献と反省」「経営学の再生」「現代経営学の潮流と限界」「経営学の批判力と構想力」と続き，2017年からは「経営学史研究の興亡」「経営学史研究の挑戦」と経営学史研究について検討がなされ，2019年には，「経営学の未来」について検討されている。無論，自由論題においては，さまざまなテーマに関する研究報告がなされており，特定の学説だけが常に議論されているわけではない。しかし，「経営学の〜」というタイトルが多いことからもわかるように，経営学そのものを議論するものが多く，広大なテーマ設定故に，学会の議論が漠然としていると捉えられるのも当然と言えよう。

以上の2つの問題を踏まえ，当学会の現状を要言すれば，学会自体の魅力が低下し，非会員や若手研究者が当学会に参加したいと思わなくなっていると言える。無論，経営学の再生や反省といった，経営学そのものを鍛えていこうとする当学会の姿勢は，経営学全体の進捗を促すものであることに異論

はない。しかし，そうしたテーマを研究している研究者はそもそも少ない。また，若手の研究者（大学院生も含む）や非学会員は，より細分化されたテーマを扱い，そのテーマで博士号取得，学術論文の出版に取り組んでいる。そのため，そうした研究者にとっては，当学会の議論が魅力的には映らないのである。

　本節では，こうした現状を乗り越えるために，当学会で取り組める打開策を検討していきたい。無論，こうした現状の原因を，非学会員の姿勢に帰結させる議論（学史研究の軽視，文献レビューが不足している等）や，近年の学術論文出版を巡る状況（院生時から査読付き論文が求められる等）に求める議論もある。しかし，そうした外在的な要因を取り上げるだけでは，当学会に向けられた誤解を解くことは不可能であろう。当学会に向けられた誤解を解き，規模縮小に歯止めをかけるためには，当学会自体が自らの活動を見直す必要があると考えられる。

2．改善へ向けての提案

　第1に，当学会の機関誌である経営学史学会年報の論文情報を，オンライン上に登録することが必要ではないだろうか。すでに述べた通り，当学会においては，統一論題のテーマや自由論題の内容を詳細に見ていくと，実に多様な内容が議論されている。にも関わらず，非学会員や若手研究者が，当学会について「特定の学説しか議論されていない」「何をやっているかよくわからない」という印象を抱くのは，学会の情報公開が上手く行っていないことの証左であろう。とりわけ，学会誌の論文とは，その学会が，社会に提供できる主要な情報であり，研究者（当学会に所属していない研究者も含む）にとっても，研究を遂行するために必要不可欠なリソースである。しかし，現時点では，年報に収納されている論文の情報は，google scholar や，CiNii で検索しても，一部の例外を除いて，ほとんど見つけることができない。

　学術・研究情報のオンライン化が進んだ現在において，オンライン上における論文情報がほとんどない状態では，外部者が，当学会が外部に向けた情報発信を行っていないと判断したとしても仕方ないだろう。また，情報発信を十分に行っていない以上，当学会の知見が正しく理解されることもない

であろう。学会における議論や論文のオンライン公開（J-STAGE での公開
や，DOI を付与する等）も含めて，学会が情報公開をより積極的に行って
いく必要があると考えられる。

　第2に，実証研究をリソースとする研究を増やしていくべきだろう。経営
学が扱う理論や概念は，多種多様に広がってきており，それらを実証する手
法（事例分析や統計的手法）も発展してきている。経営学に限らず，実証研
究が社会科学全般をリードしているといっても過言ではないであろう。無
論，細分化された理論や概念を扱う研究に対して，グランドセオリーとの紐
付けがないという批判があることも事実である。しかし，そうした研究を無
視しては，歴史を振り返り，将来を展望するという学史研究の可能性に，自
ら蓋をしてしまうことになるのではないか。

　そのため，実証研究の知見を，経営学の学説の歴史に紐づけ，検討するこ
とこそが，現代における学史研究の役割であり，経営学界における当学会の
責務ではないだろうか。実証研究が扱う理論や概念は細分化が進んでいるこ
とは周知の事実だが，そうした研究は，現在の経営学の姿形を具体的に示
したものである。そうした具体的な理論や概念を，学史研究の立場から鍛え
ていくような議論が，当学会には必要になると考えられる。また，学史研究
から実証研究への橋渡しとは，実証研究への有用な知見を提供することであ
り，そのためには，学史研究に携わる研究者が，実証研究を理解し，建設的
な批判・提案をする必要がある。そうして積み上がった実証研究を，学史研
究者が，経営学の歴史に紐づけていく。細分化された具体的なテーマ（理論
や概念）を扱いながら，経営学の歴史と展望を見通すような研究実践（学会
の活動も含む）が，今後の学史研究において必要になると考えられる。

3．自己変革の必要性

　ここまで，本節では当学会の現状と課題について検討を行ってきた。上林
がワークショップの際にも述べていたように，学史研究への誤解や関心の
低下を放置していれば，経営学の理論的発展が停滞する危険性がある。「学
史」という名を掲げる以上，当学会が学史研究の意義を積極的に提示してい
くことに，筆者も異論はまったくない。しかし，学会の情報公開が十分に行

われていない以上，当学会が閉じた学会である（学史研究の意義について何も発信していない）と思われても仕方がないであろう。また，当学会の特徴でもある広大なテーマ設定は，若手研究者や非会員にとって，魅力のあるものになっていない可能性が高い。漠然としたテーマを設定し，その議論の内容も十分に公開していないのであれば，当学会の活動や学史研究の意義が正しく理解されることはないであろう。むしろ，当学会の現状を踏まえれば，学史研究が見向きもされなくなってきている事態を，当学会が助長しているとすら言えるかもしれない。

　そのため，当学会に求められていることは，学会の現状を外在的な要因のせいにするのではなく，自らの活動を見つめ直し，改善案を考えていくことではないだろうか。本稿では，その改善策として，細分化された実証研究を，グランドセオリーに紐づけ，経営学全体における位置づけを検討しつつ，それを積極的に公開し発信していくことを提案した。無論，学史研究の意義の提示や実証研究への橋渡しの方法は，他にもさまざまなアプローチが考えられる。本ワークショップを契機として，学会員の皆様から多様な意見が出てくることを期待したい。

Ⅳ．理論研究の意義を再検討する

　ワークショップ企画という趣旨から参加者に積極的な議論への参加を促すために，本報告では，以下のような3つの方針を採用した。第1に，体験的なエピソードを語るなかで，自らの考えを提示する。第2に，アカデミックからビジネスへ，国内から海外へ研究フィールドをシフトさせるなかで気がついたギャップに着目する。第3に，参加者のディスカッションへの参加を促すために，やや大胆に問題提起を試みる。問題提起については報告のなかではなく，発表者間でのディスカッションのなかでその内容を説明した。なお，本報告では，学史研究を理論研究と読みかえることで，ワークショップの趣旨に応えることとした。

1．報告者の研究遍歴を振り返る

まず，学部から大学院を経て，就職まで自らの研究遍歴を振り返るなか
で，研究というもの，とりわけ理論研究というものをどのように受け止めて
きたかを論じた。

教養部，学部，大学院の講義や演習では，基本図書や論文を読む，外書講
読する，海外ジャーナル論文を読む，というスタイルが中心であった。大学
院，特に，博士課程に入ると，研究会に参加し，学会報告するようになっ
た。文献を丹念に読むことが指導され，研究とは主として文献を読んでまと
めること，だった。これに対して，授業のなかで，研究に関わるスキルにつ
いて，特段，指導を受けるということはなかった。

大学院までは理論を中心に考えていた。しかし，就職後は組織をよりリア
ルに感じるようになった。大学の組織に深く関わることが理論を発展させる
ベースになり，参加観察，経験を理論化することの意義を理解できた。ま
た，専門職大学院に移籍すると，研究対象である組織，そのなかでも企業へ
の理解を深める必要性を痛感した。理論については戦略論にも取り組むよう
になり，教材開発の一環として事例をケース論文として発表するようになっ
た。

専門職大学院ではケーススタディ，プロジェクト演習に力を注いでいた。
これらのコースでは，対象とする企業だけでなく，競合企業を含めて，公開
情報を徹底的に収集，分析し，現地調査，インタビュー調査，ディスカッ
ションする機会をもった。また，収集された定量的データ，定性的事実をク
ロスさせ，組織を多面的に考察した上で，実地調査で理解したことを公開情
報でどのように表現できるかを検討した。直接，当事者と関わりをもつこと
で，現在進行している具体的な現実に触れる経験を積み重ねることができ
た。これまで以上に，組織とマネジメントをリアルに感じるようになり，研
究と教育を分離することなく，一体化して取り組んだ。

さらに，専門職大学院ではIFRS（国際会計基準）導入が進んだことを受
け，グローバルに活躍する財務・経理のプロフェッショナルを育成すること
に注力した。当時，サバティカルの機会を与えられたので，研究，教育，大
学運営を英語で行うことができる体制を整えることを目標にし，海外の学会

で報告し，海外ジャーナルに論文を投稿し，アクセプトされた。台湾の大学から招聘を受け，英語で授業を行い，研究科でも英語の授業を始めた。

　海外ジャーナルに投稿するなかで気がついたのは，文献レビューの重視であった。必ず査読の審査項目に入っていて，厳しく評価された。また，立てられた問題からすぐに本題に入るのではなく，なぜ，その問題に取り組む意義があるのか，それ自体を正当化する必要があった。さらに，理論の発展，あるいは，実践への応用など，研究にどのような貢献があるのかを明確にすることが求められた。これまでの研究を見直し，その意義が理解されるように取り組むことの重要性を認識することにつながった。

2．報告者にとって研究とは何か

　続いて，研究遍歴を続けるなかで，研究，とりわけ，理論研究というものを自分なりにどのように受け止めるようになったか，雑駁ではあるが，個人的な見解を示した。

　第1に，純粋な事実はなく，事実と思っているもののほとんどは理論であり，研究とは理論を生み出すことである。ただ事実と思って収集したものを寄せ集めるだけでは何も理解できない。理論はマップを作ることであり，マップがなければどこにいるか，どこに進んでいるか，わからず，考えを深めることができない。理論を発展させることが研究の発展に寄与することである。

　第2に，経営学とは理論蓄積であり，それらのネクサスとして成立している。経営理論自体に歴史は深く刻み込まれている。何か解きたいという問題に直面したときに，これまで蓄積された研究成果を見直すことによって，解答を導く手がかりを見つけ，取り上げる問題を位置づけた上で，先に進むことができる。

　第3に，現実とそれを捉える理論が自らの研究の中心であり，一体化されたものとしてあり，研究と教育は切り離せない。理論から現実を分析する，現実から理論を生み出すということだけではなく，理論は現実とともにある。

　第4に，理論は仮説を生み出す。仮説のない実証は意味をもたない。ま

た，仮説を体系化することで，理論モデルを構築し，モデル化された理論は
比較可能になる。さらに，理論は，データや事実を評価する基準として分析
フレームワークを提供する。データとモデルをつき合わせることで課題を見
出し，新しい仮説を生み出すことにつながる。

　第5に，個人的には，研究に理論は不可欠であり，理論の強さで自分がグ
ローバルに通用していると考えている。そのために，理論研究の信頼性を上
げることがその価値自体を高める。そのためには，以下のようなことが重要
になる：①設定された問題の意義を正当化する，②問題に対応した適切な方
法をそのつど模索し，その方法を明確にし，再現性を保証する，③これまで
の蓄積をレビューし，研究の手がかりを探索する，④自らの新規性を特定す
る，⑤これまでの研究を生かし，体系性を高める，⑥導き出したことの貢献
から独創性を明確にする。

3．問題提起

　前節までの議論を踏まえて，理論研究の意義を高めるために，主として，
以下のような問題点を示唆した。

　第1に，日本の学会では，相対的に理論軽視があるのではないか。文献の
訓詁学を脱し，実証研究にシフトするなかで，理論軽視が進んでしまったの
ではないかと懸念される。理論と実証は両輪であり，理論の意義を十分に認
識し，システマティックレビューなど文献レビューの方法を定着させ，基本
文献をしっかり読み込むことの重要性を再認識し，共有する必要がある。

　第2に，これまで，大学院における研究スキル教育が脆弱であったと考え
られる。グローバルに研究発信していく上でも，パラグラフ・ライティング
のようなアカデミック・ライティング，文献レビュー，論文の書き方，プレ
ゼンテーションの方法，基本的な定量的，定性的な研究方法などを一通り学
び，研究のプロフェッショナルとしての基礎を身につけることが求められ
る。

　文献を中心に研究を進める学史研究に関連していうと，形式的には先行研
究の検討が行われているものの，その目的と意義が十分に理解されていない
ように思われる。上述したように，文献レビューが適切でないために，海外

に発表しようとしても通用しない原因の一つになっている。

　また，国内中心で研究を進めていると，海外の研究動向に十分に理解していないために，海外への研究発信を難しくする原因になっている。海外のジャーナル論文を体系的にレビューせず，あくまで日本語の本や論文が中心になっていないか。海外の文献に言及される場合にも，主として翻訳があるものが活用されていることが多いことも否定できない。

　第3に，研究業績の評価に関わって，単独研究が中心になり，共同研究が少なく，お互いに得意な能力を生かせていない。共同研究は相互レビューのチャンスになり，フィードバックを受けることに慣れることができる。また，お互いの研究上の強みを生かし，弱みを補完することを可能にする。

　最後に，日本では査読が十分には定着しておらず，フィードバックを受けることに多くの研究者が慣れていない。そのために，素直にレビューを受け入れられていないのではないかと思われる。査読を受けることが基本になり，厳しい査読のない大学紀要に提出される論文はあくまで査読誌に提出する準備として位置づける方が適切である。研究業績のクオリティー・コントロールを進める上で，内容面はもとより，形式面を中心に論文の品質管理を行う必要があると考えられる。

Ⅴ．早急なるアクションを！──むすびに代えて──

　以上のⅡ～Ⅳで展開された議論により，本来であれば経営学として統一的に捉えられるべき学史研究と実証研究が，現状ではさまざまな点で遊離しており，学問の発展という点で由々しき事態を招いていることが窺える。同時に，双方の研究系譜が互いに対話していくうえでさまざまな具体的アイデアや技術，手法がありうることもまたわかった。われわれ経営学史学会でも，改善されるべき運営上の諸々の課題が山積していることも明らかになった。紙幅の制約上，それらを逐一ここで繰り返すことは敢えて避けるが，少なくともわれわれにとって必要なことは，経営学史学会として，また当学会会員として，経営学という学問の危機を認識し（cf., Tourish 2019），学術界の持続的発展のために何らかの具体的アクションを早急に起こすことである。

　したがって，企画者としては，このワークショップ企画は第30回大会単発のものではなく，可能な限り次年度以降も定期的に検討し，取り組んでいくべきであると考えている。例えば，次回の企画では，非会員で実証研究を手掛けている方を実際に大会へお招きして報告いただき，経営学史研究との接点を具体的に見いだして，当学会の今後の在りようについて参加各位で丁々発止の議論を行う場を設けるといったことを考えるのも一案であろう。当学会でどういった具体的改善が実現したかを参加各位で共有し合い，さらなる改善へ向けて議論する場を設けるのもいいかも知れない。

　いずれにしても，本稿の記録が学術研究としての経営学の意義を考えるよすがとなり，経営学史学会が今後へ向けて有為な改革を踏み出す一助となるようであれば幸いである。

注

1）昨今の日本の学術政策とその問題点については，上林（2021）を参照されたい。
2）経営学史学会のホームページ：https://keieigakusi.info/ に掲載の「経営学史学会設立趣意書」を参照（2022年11月1日閲覧）。
3）Ⅱ～Ⅳの本文中には一部論点が重複している箇所も含まれる。ただ，重複箇所は当学会の今後の発展へ向けて重要な論点であることを示唆するものと捉え，敢えてそのまま掲載している。また，論点のレベル感や叙述方法も三者三様で，当学会の現状把握や向かうべき理想の捉え方についても一部齟齬があるため，一つの論稿としては若干の矛盾や読みづらい箇所も含まれているが，読者各位には当学会の今後のさまざまな展望を取りまとめた備忘録としてご理解いただければ幸いである。
4）会員数の増減は，経営学史学会ホームページ（注2）を参照）に掲載されている「学会通信一覧」に拠る。

参考文献

Niwamoto, Y. (2018), "The Interface Between Organizational Capabilities and Leadership: How Leadership Relates to the Process of Responding to a Changing Environment," *Eurasian Journal of Business and Management*, Vol. 6, No. 3, pp. 10–22.

Tourish, D. (2019), *Management Studies in Crisis: Fraud, Deception and Meaningless Research*, Cambridge University Press.（佐藤郁哉訳『経営学の危機──詐術・欺瞞・無意味な研究──』白桃書房，2022年。）

上林憲雄（2021），「日本の経営学が進む道」『日本経営学会誌』第46号，60-68頁。

上林憲雄（2022），「経営学に未来はあるか？──経営学史研究の果たす役割──」経営学史学会監修・片岡信之編著『経営学の基礎──学史から総合的統一理論を探る──（経営学史叢書第Ⅱ期第1巻 原理性）』文眞堂，1-18頁。

経営学史学会編（2016），『経営学の批判力と構想力（経営学史学会年報 第23輯）』文眞堂。

小池和男・猪木武徳編著（1987），『人材形成の国際比較──東南アジアと日本──』東洋経済新報社。

庭本佳和 (2007),「経営戦略研究の新たな視座──沼上報告「アメリカの経営戦略論（RBV）と日本企業の実証的研究」をめぐって──」『経営学の現在──ガバナンス論，組織論・戦略論──（経営学史学会年報 第 14 輯)』文眞堂，109-123 頁。

庭本佳和 (2012),「行為哲学の方法としての経営学の方法」経営学史学会編『経営学の思想と方法（経営学史学会年報 第 19 輯)』文眞堂，65-79 頁。

庭本佳子 (2014),「組織能力における HRM の役割──「調整」と「協働水準」に注目して──」経営学史学会編『経営学の再生──経営学に何ができるか──（経営学史学会年報 第 21 輯)』文眞堂，127-138 頁。

庭本佳子 (2016),「組織能力の形成プロセス──現場からの環境適応──」経営学史学会編『経営学の批判力と構想力（経営学史学会年報 第 23 輯)』文眞堂，121-132 頁。

庭本佳子 (2019),「人事ポリシーと組織文化」上林憲雄・平野光俊編著『日本の人事システム──その伝統と革新──』同文舘出版，63-79 頁。

庭本佳子 (2021),「協働システムと人間──C. I. バーナードの組織論──」経営学史学会監修・上林憲雄編著『人間と経営──私たちはどこへ向かうのか──（経営学史叢書第Ⅱ期 第 3 巻 人間性)』文眞堂，64-85 頁。

庭本佳子 (2022),「経営戦略論から見る知的熟練の意義」『日本労務学会誌』第 23 巻 1 号，16-23 頁。

第 IV 部

論　攷

7 有機体の哲学と人間協働
──文明化のプロセスにおける説得と調整──

村　田　康　常

I．はじめに──文明の転換期の経営哲学──

　現代の文明社会は工業化に続く情報化の進展の中で転換期に来ているが，それは，およそ 100 年前の戦間期に A. N. ホワイトヘッドが現実世界を有機体の観点から捉える形而上学的宇宙論と文明論を構想して「観念の冒険」の重要性を提唱した状況と似ている。彼によれば，文明の転換期には，社会生活の基盤となる世界観の再創造が緊急の課題となる。そのような知の探求がはじまったのが，1920・30 年代のハーバード・ビジネス・スクールを中心とした研究者グループだった。

　ホワイトヘッドをハーバード大学に招聘する計画を推進した生化学者・社会学者の L. J. ヘンダーソンをはじめ，ハーバード・ビジネス・スクール 2 代目ディーンの W. B. ドナム，G. E. メイヨーらは，自分たちが新たに興そうとしている経営管理に関する実践的な学の哲学的基礎をホワイトヘッド哲学に求めたといえる。ホワイトヘッド自身も，人間経験に根ざして文明社会のあり方を問う哲学を目ざしたからこそ，いわゆる社会科学の領域を開拓した研究者たちとの交流をもち続けた。ハーバード・ビジネス・スクールを中心とした研究者グループが創始した経営学と，ホワイトヘッドが新しい一般的な知の体系として構築した「有機体の哲学」とは，後者が前者に哲学的な知の基礎を提供するとともに，前者が後者の具体的で実践的な適用例を示すという仕方で，相互に生産的な交流をもちながら形成された[1]。

　ホワイトヘッドとの思想的交流の影響は，ビジネス・スクールに関わりの深い C. I. バーナードや M. P. フォレットの思想にも現れている。たとえば，

バーナードは『経営者の役割』の「序論」でホワイトヘッドを挙げ、「〔この本のもととなるローウェル講義が行われた1937年〕当時、ハーバード・ビジネス・スクールのディーンのドナム氏およびその協力者—キャボット、ヘンダーソン、メイヨー、およびホワイトヘッドの諸教授—から与えられた関心と援助がなければ、おそらく私はこの分野について一つの論文も試みなかったことだろう」(Barnard 1968 [1938], p. vii, 翻訳書, 37頁) と述べている。[2)]

　本論文では、ホワイトヘッドが提唱した「有機体の哲学」の文明論を、人間協働の文明論的意味を問う経営哲学の先駆的な企てとして読み直したい。Ⅱ節ではホワイトヘッドの哲学を経営哲学として読み解くという本論文の目的を示し、そのための方法として内在的な観点から先行文献を読解し議論を再構築する彼自身の思弁哲学の探究の仕方を本論文の方法として採ることを論じる。Ⅲ節では、彼の哲学における「説得」と「調整」の概念を読み解き、Ⅳ節では、人間協働の具体的なあり方として「商業」によって価値を実現する社会を構想した彼の議論を取り出し、文明論哲学としての経営哲学という地平を彼が示唆したことを示す。Ⅴ節では、ホワイトヘッドと同様にバーナードにおいても「説得」概念が人間協働を論じる鍵となっていることを示し、Ⅵ節において彼らの試みが文明論的な視座に立った経営哲学だったことを示唆する。

Ⅱ．研究の目的および方法

1．研究の目的

　本論文の目的は、人間協働の文明論的な意味を、ハーバード・ビジネス・スクールとその周辺の研究者グループによる初期アメリカ経営学に影響を与えたホワイトヘッドの「有機体の哲学」の読解を通して問い直すことである。特に、彼の文明論の鍵概念となる「説得」と「調整」に焦点を当て、人間協働によって営まれる社会を生きた有機体と捉えた議論を先駆的な経営哲学として読み直したい。また、彼の議論が初期のアメリカ経営学に通底することを示す具体例として、「説得」という方法をめぐるバーナードの議論を

検討する。

２．学問の方法としての思弁的な読解と本研究の主題

　本論文では，ホワイトヘッドに倣って思弁的な読解方法を採りながら，彼の著作における「説得」と「調整」の概念を読み解くことにする。「思弁（speculation）」ないしは「思弁哲学（speculative philosophy）」は一般的な科学の方法ではなく，近代科学以前の形而上学的な探求方法だが，これを採用したところに，人間の営みに迫ろうとするホワイトヘッドの科学批判と問題意識もある。彼の思弁哲学の方法は，直接経験から想像的一般化を通して抽象的な論理体系を構築していくというものだが，そこには，先行する文献を自身の主題に即して読み直し，先行研究の知見を活かした独自の解釈の地平を開くという柔軟な解釈の姿勢が貫かれている（Whitehead 1978［1929］, pp. xi-xiv, 3-17）。この論文で採るのが，このような自身の主題による先行研究の内在的な再解釈の方法である。

　本論文では，こうしたホワイトヘッドの思弁哲学の方法に倣って彼の文明論を読み解くことで，人間協働とは何かを問い直したい。この問いは，自然科学の方法論に準拠する近代の学問が十分には捉え切れなかった論題の一つ，「人間とは何か」ということに関わる。彼は，近代科学以上に文学・詩作，宗教，哲学等においてこの問いに関する先人たちの優れた洞察が表現されていると捉え，その読解を行い，個人から社会まで人間のさまざまな営みに共通する一般的なプロセスと有機的な関係性を思弁する。換言すれば，人間がこの世界においていかなる価値をどのように実現するか，またその価値実現を損ねる要因は何かを問うことが，彼の議論の骨格である。それゆえ，彼の思弁哲学には，個々の経験における価値実現と享受のプロセスを論究する実存論的側面とともに，社会における価値実現の本質と歴史を考察する文明論的側面がある。

　ホワイトヘッドが文明について語ったさまざまな議論を要約すると，文明とは，人間社会がその成員と環境との相互作用を通して一定の価値を実現し享受する活動の総体だということである。近代科学が取り逃がしたのが，この価値実現に迫る考察とその方法だというのが，彼の科学批判の骨子

である。彼は近代科学と技術を批判して,「何よりも必要なタイプの一般性
は, 価値の種々相の味得, つまり, 美的感性の発達である」と言い,「求め
られているのは, それ自身の固有な環境に在る有機体の達成した, 生きた価
値の, かぎりない種々相を評価することだ」としている (Whitehead 1967
[1925], p. 199)。こう主張する彼の議論を読み解き, 人間協働における説得
的な要因と調整という作用を, 私たちの社会が個々人の諸活動と相互作用を
通して価値を生みだす活動と理解し直すことが, 本論文の主題である。

Ⅲ. ホワイトヘッド哲学における「説得」と「調整」概念

1. 力から説得へ

　ホワイトヘッド哲学の特徴を一言でいえば, 多様性を保持しながらそれら
を調整して特定の目的を達成し新しい価値を実現する個別的な創造的プロセ
スが現実世界の本質だとする立場である。彼自身の言葉を使えば「リアリ
ティとはプロセス」(Whitehead 1967 [1925], p. 72) であり,「プロセスと
は現実的存在 (actual entities) の生成」(Whitehead 1978 [1929], p. 22)
であり, その生成のプロセスとは「多が一に成り, 一つ増し加えられる」
(Whitehead 1978 [1929], p. 21) ということである。そして, 社会が文明化
する歴史をこの「多が一に成り, 一つ増し加えられる」プロセスとして論究
するのが, 彼の文明論の論点である。文明化のプロセスは, 共感に基づく理
性的説得によって社会的交渉が進展することとされる。そこで重要となるの
が, 変動する環境世界の多様な要因を統合した価値を新たに実現し (つま
り,「多が一になり」), この新しい価値を受容することで新たな社会統合を
実現する (つまり,「多が一つ増し加えられる」) という創造的な活動性であ
る。このように「多」を「一」へと統合し, その新たな「一」を「多」のう
ちに受容する働きが,「調整された活動 (coördinated activity)」である。つ
まり, 私たちの社会は人間の「協働」によって文明化するということが, 彼
の文明論の主張である。

　以下では, 人と人が共通の尺度や目的のもとに共に活動するという人間
協働のもっとも原初的なあり方とその発展の歴史について, ホワイトヘッ

ドがどのように理解しているのかを見てみる。彼によれば，文明社会は
「社会的諸活動を調整する必要性（necessities for a coördination of social
activities）」（Whitehead 1967［1933］, p. 69）に直面している。文明化の歴
史には，熾烈な「闘争」を勝ち残る「力（force）」や旧来の秩序を破壊する
圧倒的な「力」とは別に，他者との共感に基づいて多様な社会的諸活動を
調整することで共同体を形成するよう導く理性の働きがある。このような文
明化の作用者が「理性的説得（reasonable persuasion）」（Whitehead 1967
［1933］, p. 69）である。つまり，文明化とは，「説得性（persuasiveness）
によって社会秩序を維持していくこと」（Whitehead 1967［1933］, p. 83）で
ある。

　ここで注意したいのは，文明社会は「説得という方法（way of
persuasion）」（Whitehead 1967［1933］, p. 85）を目指すという彼の議論の
基礎に，「調整された活動（coördinated activity）」という考えがあるという
点である。彼によれば，文明化とは，大局的にみて人間社会全体が「力」に
よる強制的・闘争的な対立・排除・抑圧から「理性的説得」による調整的な
協働へと目的達成と価値実現の方法を改めていくプロセスである。破壊的な
力で周囲を制圧していく方法は短期的には勝利するかもしれないが，長期的
に見れば自他を損ない，実現する価値を低下させる。文明社会には，それと
は逆の方向で，人々を結びつけながら社会の中に共通の価値をゆっくりと，
時に紆余曲折を経て数世紀をかけて実現していくような諸活動がある。

2．人間協働のための作用者としての「説得」

　「力」と対比された理性的な作用者としての「説得」は，文明社会の多元
的な状況の中で多なる要素を調整しながらそれぞれの目指すものを実現し
ていこうとする人間協働のための積極的な手段である。人間は，互いに説得
し，説得されることによって，協働へと向かうことができる。つまり，「説
得」とは，相互に異なる複数の人間や集団が，一つの目的を外から強制的に
与えられたものとしてでなく，それを自らの目的として選択し内在化して自
律的に働くよう促す理性の働きかけである。そして人間は，共通の目的を関
係者の各々が自らの主体的目的として受け入れ，それに向けて各自がその機

能や役割を自律的・自発的に果たすかたちで働きあうこと，すなわち協働することによって，自然のうちで生存を維持し，社会を築き，その社会を文明化させてきた。

　しかし，ホワイトヘッドは，説得によって実現される民主主義的で調整的な社会は，武力・技術力などの力によって強圧的に支配される社会よりもはるかに緩慢にしか実現しなかったことを指摘する。民主主義の理念が着想されてから，それが近代社会において議会制民主主義として結実するまでに，実に2千年を要した。しかしそれは，「闘争」から「共感」へ，少数の勝者による支配から多様性の寛容へと，社会的関係のあり方が変化していく歴史でもある。

3．調整された活動

　説得は，多元的な状況における価値実現のための開かれた場を作る「調整（coordination）」の具体例である。ホワイトヘッドの哲学体系の中でcoordinate あるいは coordination という語が語られるときは，「プロセス」（process）という彼の中心概念を補完する形態論的な概念として，「整序し秩序づけること，あるいは整序され秩序づけられた形態」を意味し，「整序的」「同位的」などの訳語が当てられることが多い（cf. Whitehead 1978 [1929]，pp. 111, 283-293)。しかし，この語は文明論の文脈でも登場して，形態論的な議論との連続性をもちつつも，多なるものがその多様性を保ちながら相まって共通の目的に向けて働き合うような場の形成を示すという固有の含意をもって語られる。以下では，文明論における「調整」概念を中心に，この語をホワイトヘッドと同様に鍵概念として用いたバーナードとの関連性も視野にいれて見ていきたい。

　ホワイトヘッドもバーナードも，多なる要素が有機的に結びついて一つの目的に向けて活動するという現実世界の創造的プロセスを考察の基礎に据えている。両者はともにこの活動を「調整された活動」と呼んで，それぞれの体系において主題的に論じる。バーナードにおいて coördinated activities という語は「公式組織の定義」に現われ，「組織とは意識的に調整された人間の活動や諸力のシステムと定義される（an organization is defined as a system of consciously coördinated personal activities or forces.)」（Barnard 1968〔1938〕, p. 72, 翻訳書, 75頁）と言われる。

　同様に，ホワイトヘッドが文明論の文脈で使う「調整」概念も，多様な諸要素を一つの目的のもとに協働させて説得的に統合させる働きを指す。文明化する社会では，「諸活動を調整する必要性もある」（Whitehead 1967〔1933〕, p. 69）と彼は言い，「この調整（coördination）は，部分的には〔中略〕理性的説得（reasonable persuasion）によって生み出される」（Whitehead 1967〔1933〕, p. 69）と述べる。また，彼は，「人類が相互の交渉の中でとる行動システムの文明化」に対して，「相互的尊重，共感，一般的な優しさがゆっくりと育ってきたこと」が最大の貢献をしてきたと言う（Whitehead 1967〔1933〕, p. 100）。

　ホワイトヘッドもバーナードも有機的な組織の統合の働きとしての調整を重視している点では共通している。ただし，バーナードが組織の特徴を「意識的な調整」だとして「意識」によい意味での強調を置くのに対して，ホワイトヘッドは意識的なメンタリティとしての「理性」の働きによっては，多様な全体を調整する働きに偏りや歪みが生じる場合もあると指摘する[4]。たとえば彼は，共感的な絆による情緒的結びつきが深まる中で，理性的なメンタリティもまた育っていくとした上で，「メンタリティが調整された活動（coördinated activity）の中に現れると，それは選択し，強調し，分解するというめざましい効力を発揮する」（Whitehead 1967〔1933〕, p. 100）と指摘する。相互の尊重と共感に基づく交渉活動の中に理性的なメンタリティが現れると，交渉は明確な共通の尺度と目的をもった方法として洗練され制度化されるが，合理化された交渉は，やがて習慣化され，最大の特徴だった外在的な目的を自己の内的な目的へと取り入れるよう働きかける「説得」と，強制的でなく自律的に共通の目的を達成しようと複数の主体が働き合う「協働」という要因を失っていく。こうして形骸化した協働は強制的な性格を強め，自律と自由を求める諸個人や諸集団は強制的な枠を破って新たな統合形式を渇望するようになり，文明社会は旧来の秩序を保持しようとする保守的メンタリティと自由と新しさを探求する冒険的メンタリティの葛藤に陥りながら，新しい協働の場を実現しようとする[5]。これが，ホワイトヘッドの示す

文明化のプロセスの中心的な流れである。

　バーナードが創造的な組織の統合活動として挙げる「意識的な調整」は，ホワイトヘッドにとっても文明社会の創造的な統合活動である。しかし後者では，この意識的な調整が習慣化・形骸化することで組織の創造性が失われるという問題が提起される。社会における秩序の保持と創造的活動の両立というこの問題に取り組む中で，彼は，保守的なメンタリティと冒険的なメンタリティの葛藤が生じて文明が転換期を迎えるという文明論的な議論を展開する。

　ホワイトヘッドが積極的な意味で用いている「調和（harmony）」という語は，各々の成員が説得を経て共通の目的を主体的目的として受容し内在化して，その目的の達成のために各々の活動を調整しあうような複合的な活動を表現したものと理解されるべきだろう。「調和は，混沌，曖昧さ，狭さと広さの適度な調整（coordination）を必要とする」（Whitehead 1978 [1929]，p. 112）とホワイトヘッドは言う。環境世界の混沌とした多様な諸要素のそれぞれの自律的な主体性を生かしつつ，それらを調和的な価値の実現へと導く有機体の活動が「調整」である[6]。

Ⅳ．ホワイトヘッド文明論と人間協働

1．文明化する社会における闘争と調和

　近代の社会理論の最初の基調となっていたのは，社会を構成する個別的自己の「競争（competition）」ないしは「闘争（strife）」と，社会全体の「調和（harmony）」という対立する観念だとホワイトヘッドは言う（Whitehead 1967 [1933]，pp. 31-33）。近代社会理論は，個と全体を対立する原理と捉えた上で，そこに，闘争対立する個が調和する全体に至るという，現代風に言えば「大きな物語」を読み込んでいるというのだ。

　ホワイトヘッドは，「19世紀の政治的自由主義の信条は，個人主義的で競争的な闘争の説と，楽観論的な調和の説との折衷だった」と指摘し，「〈宇宙〉の法則によれば，諸個人の間の闘争が調和ある社会の前進的実現に帰趨する，と信じられていた」と言う（Whitehead 1967 [1933]，p. 33）。近代の

自由主義的な社会理論は，個の闘争が「〈宇宙〉の法則」や「見えざる手」のように理論化されないまま体系の前提となっている摂理によって全体の調和に帰趨するという信仰を保持している。これが深刻な問題として意識されたのは，道徳哲学や社会理論などの学問内部ではなく，近代化にともなう社会問題が顕在化してきたことによってである。個人主義的競争原理と予定調和説に立脚した近代の自由主義は，産業革命以降のイギリスに顕著に見られるような「鉱山や工場やスラム街といった組織全体の底辺に広範にはびこった悲惨」（Whitehead 1967 ［1933］, p. 33）が大衆の良心を喚起したことで破綻したとホワイトヘッドは指摘する。こうした近代批判から，ホワイトヘッドは，諸個人の多様性を保持しつつ，個と個が破壊し合い排除し合う対立闘争にも，強者が弱者を抑圧し搾取するような悲惨にも，また，そのような犠牲の果てに実現される調和にも至ることのないような社会のあり方を問う。

2．説得的なメンタリティとしてのビジネス・マインド

　力によらず調整的で説得的な交渉による文明の典型は，〈商業〉を中心とする文明だとホワイトヘッドは言う。「〈商業〉は説得という方法による交渉（intercourse in the way of persuasion）の偉大な例である。戦争や奴隷制や政治的強制は，力の支配を例証している」（Whitehead 1967 ［1933］, p. 83）〈商業〉に例示されるような説得的な交渉は「地域を異にし，民族を異にし，仕事を異にした人々が，自由な説得という基盤で一堂に会する」（Whitehead 1967 ［1933］, p. 84）ような，他者への共感と知的な交流に基づく多様性のある社会を実現する。これこそ，言葉の最も広い意味での人間協働である。説得的な交渉によって多様なものを共存させつつ秩序を形成するような文明社会の中心が「商業」であり，「〈商業〉は文明が栄えるために必須の一つの中心的な要因」（Whitehead 1967 ［1933］, p. 77）だとされる。

　ホワイトヘッドによれば，文明の転換期である現代は，闘争の中で自己利益の最大化を目指すような利己的なメンタリティを脱して，他者との共感の絆に根ざした説得的な交渉によって多様な要素を統合する調整された活動による新しいメンタリティを自覚すべきときである。説得という方法を深く信頼する協働的なメンタリティこそ，ホワイトヘッドが来るべき時代のメンタ

リティとして期待を込めて「ビジネス・マインド」(Whitehead 1967 [1933],
p. 97) と呼んだものである。それは，単に成功しようとする近視眼的動機
を超えて，自己利益に直接関連しない要素も含めた共同体の成員すべての価
値実現の活動に共感的に配慮し，それらを調整しながら共同体のうちにより
よい価値を実現しようとするような広い視座に立ったメンタリティである。
このメンタリティが示しているのが「生活を調整する哲学 (a coordinating
philosophy of life)」(Whitehead 1967 [1933], p. 98) である。経営哲学が文
明論的な意義をもつとすれば，それは，自己の利害関係を超えた共感的視座
から様々な生活を調整するようなセンスをもって世界を理解する仕方を探し
求め，眼前のことがらにも常にこうしたセンスをもって対処するような思弁
的で実践的な「調整する哲学」の方向にこそ見いだされるだろう。

Ⅴ．バーナードとホワイトヘッドの「説得」

「説得という方法 (the method of persuasion)」は，バーナードの組織論
と管理論の中でも協働を導く重要概念として論じられる。彼は，組織に対し
て個人が協働しようとする意欲と協働体系に努力を貢献しようとする意欲を
引き出す「誘因 (incentives)」を挙げるが，組織が提供しうる誘因の「主
観的側面」，すなわち個人の「心的状態，態度，あるいは動機を変革して，
利用可能な客観的誘因を効果的にする」(Barnard 1968 [1938], p. 141, 翻訳
書, 147 頁) 方法が，「説得」である。

ホワイトヘッドが「説得 (persuasion)」を強制的な「力 (force)」と
対比させるのに対して，バーナードは奴隷制などに見られる強制的な「力
(force)」をも広義の「説得」のうちに含めて，「力 (force) によって貢献を
得ることは，しばしば協働の必要な方法であったように思われる」[7](Barnard
1968 [1938], pp. 149-150, 翻訳書, 156 頁) とする。しかし，この概念区分
の違いは大きなものではない。バーナードもまた「それにもかかわらず，ど
んなすぐれた恒常的な協働体系ないし非常に複雑な協働体系も，たんに強制
(coercion) だけでは十分に維持されえない」(Barnard 1968 [1938], p. 150,
翻訳書, 156 頁) として，「力から説得へ」というホワイトヘッド的な議論

に沿う方向を示している。

　バーナードはまた，「説得という方法」のより重要な形式は「誘因の合理化（rationalization of incentives）[8]」（Barnard 1968［1938］, pp. 150-152, 翻訳書，156-159頁）と「動機の教導（inculcation of motives）」（Barnard 1968［1938］, pp. 152-153, 翻訳書，159頁）だとしており，個人を協働へと動機づける目的および機会の合理的な提示と教育や宣伝を通しての教導に重点を置いている。この議論も，共通の目的を外から主体に強制する「力」ではなく，各主体がその共通目的を納得して自らの主体的目的として受容するよう促す「説得という方法」を採るのが文明社会の協働だというホワイトヘッドの議論と同じ方向を示すものといえる。バーナードは，外的環境と個人の動機が変動するために，「誘因の構図は協働体系の諸要素のうちでおそらく最も不安定」（Barnard 1968［1938］, p. 158, 翻訳書，165頁）だと指摘する。だからこそ，協働に導く誘因は，変動する諸要素に照らしてより合理的に再検討され，教導的に再提示される必要がある。つまり，「説得」は，対話的になされるはずである。

　「説得」に関してホワイトヘッドとバーナードの議論が軌を一にしているのは明白である。個々人を協働へと動機づけ教導する「説得」は，「調整された諸活動の体系としての組織」の形成と維持・発展のための前提的な方法として，理想的目的や誘因の提示をより合理化させつつ対話的になされる。ホワイトヘッドは，「説得という方法」を文明社会における協働を導く作用者として文明論において論じ，一方，バーナードは，組織における協働を導く「説得という方法」を含む誘因の考察を組織論・管理論の「必要な序論」（Barnard 1968［1938］, p. 153, 翻訳書，159頁）と位置づけ，そこから新しい時代の新しい学としての経営学を展開する。

VI.　まとめ——来るべき文明論的経営哲学——

　ホワイトヘッドの文明論は，同時代にやや遅れて登場したバーナードの経営哲学とともに，人間の協働システムの展開の方向と可能性を示している。ホワイトヘッドは形而上学的宇宙論と文明論において，バーナードはより実

業に即した適用性のある組織論・管理論において，転換期に求められる，来るべき文明社会のための哲学的・実学的な展望を示したといえる。

　日常の生活の中で必要となる他者との協働において課題となるのが，いわゆる文化多元的な状況である。私たちの日々の直接経験において，多元性あるいは多様性は，そのまま新しいものを創造するいきいきとしたダイナミズムの働く場となるのではなく，さしあたってまずは，受け入れがたい違和感や共約不可能な価値観の違いとして経験される。この違和感や葛藤が他者の排除や抑圧，対立闘争に向かわず，いかにして多様なものの出会いの中で新しいものを創造する協働のプロセスへと転じるのか。また，そのような意味で「多が一になり，一つ増し加えられる」という創造的前進のプロセスが私たちの生きる社会のような高度に複合的で価値追求的な有機体において実現されるのは，いかにしてか。おそらく，これがホワイトヘッドにとっての文明論の問いであり，それはまた，彼が，バーナードやフォレットらとの学問的交流のなかで，隆盛しつつあった社会諸科学の中に実践的な答えを求めた問いだったといえるだろう。

注

1）ヘンダーソン，メイヨー，バーナード，T. N. ホワイトヘッドをはじめとする 1920 年代・30 年代のハーバード・ビジネス・スクールを中心とした研究グループと A. N. ホワイトヘッドとの関わりについては，吉原正彦の次の研究を参照。吉原（2006）；Yoshihara（2007）.

2）ホワイトヘッドとバーナードの思想的な交流については，村田晴夫の次の諸著作を参照。村田（晴）（1984, 1990, 1995, 1999）。フォレットとホワイトヘッドとの思想的な交流については，杉田（2021）が詳しい。

3）Coördinate の表記はホワイトヘッドの著作でもゆれがあり，coordinate，co-ordinate とも表記される。このゆれはのちの編集・校訂によって一部修正されている。Whitehead（1978 [1929]，p. 392, 410 の編集者注 xx.35, 283.2 を参照。本論文では，刊行された著作における表記のゆれをそのまま受け容れる。

4）ホワイトヘッドは西洋形而上学の伝統に従って「理性」を実践的なものと思弁的なものとの 2 側面に分けて論じている。実践的理性は「生きるため」に現実世界で直面する諸状況に対処する理性であり，「目的を悟り，一定の限界内でその目的を効果的にする」（Whitehead 1958 [1929]，p. 37）。思弁的理性は「よりよく生きるため」に自己保存の価値を超えて現実世界により高い価値を実現しようとする理性であり，「利害関心のない好奇心をもって世界を理解する仕方を探し求める」（Whitehead 1958 [1929], pp. 37-38）。

5）ホワイトヘッド文明論における保守的メンタリティと新しさを目指す冒険的メンタリティの対比については，次の拙稿を参照。村田（康）（2004），69-85 頁。

6）ここで言う「有機体」をホワイトヘッドは「構造化された社会（structured society）」（Whitehead

1978［1929］, p. 99）と呼び，それが激変する環境で存続する方法を 2 通り挙げている。一つは，その構成メンバーの細々した多様性を除去して結晶のように同質的で斉一的な結束を固めることである（Whitehead 1978［1929］, pp. 101-102）。もう一つは，「環境の新しい要素を，構造化された社会のメンバーに固有の複合的経験と調和させる主体的形式をもって，明確なフィーリングへと受容すること」（Whitehead 1978［1929］, p. 102）により，環境と調和するような新しい自己を実現することである。村田（康）(2010)，103-114 頁，および村田（晴）(2008)，1-7 頁を参照。

7）「説得」における「力」とは意味合いが異なるが，バーナードはまた，組織において意識的に調整されるものとして「諸力(forces)」を挙げている(Barnard 1968［1938］, p. 72，翻訳書，75 頁)。

8）バーナードは同じ箇所で「誘因の合理化」を「機会の合理化（rationalization of opportunity）」とも言っている。

参考文献

Barnard, C. I. (1968［1938］), *The Functions of the Executive*, Harvard Univ. Press.（山本安次郎・田杉競・飯野春樹訳『新訳　経営者の役割』ダイヤモンド社，2004［1956, 1968］年。）

Whitehead, A. N. (1967［1925］), *Science and the Modern World*, Free Press.

Whitehead, A. N. (1978［1929］), *Process and Reality*, Corrected Edition, Free Press.

Whitehead, A. N. (1958［1929］), *The Function of Reason*, Beacon Press.

Whitehead, A. N. (1967［1933］), *Adventures of Ideas*, Free Press.

Whitehead, A. N. (1968［1947］), *Essays in Science and Philosophy*, Greenwood Press.

Yoshihara, Masahiko (2007), "Alfred N. Whitehead's "a Here and a Now" and its Application to Administration Theory," *Aomori Public College Journal of Management & Economics*, Vol. 12, No. 2.

杉田博（2021），『フォレットの解釈学的経営思想』文眞堂。

村田晴夫（1984），『管理の哲学──全体と個・その方法と意味──』文眞堂。

村田晴夫（1990），『情報とシステムの哲学──現代批判の視点──』文眞堂。

村田晴夫（1995），「バーナード理論と有機体の論理」経営学史学会編『経営学の巨人（経営学史学会年報 第 2 輯）』文眞堂。

村田晴夫（1999），「システム論の哲学的基礎──有機体の哲学から組織倫理学へ──」遠藤弘編著『プロセス思想研究』南窓社。

村田晴夫（2008），「自立性，共通性，そして根元的相対主義──30 周年記念大会のテーマ『共通善と持続可能性』に寄せて──」『プロセス思想』第 13 号，日本ホワイトヘッド・プロセス学会。

村田康常（2004），「逆説としての世界の善性──ホワイトヘッド宇宙論と文明論の接点──」立教大学キリスト教学会『キリスト教学』第 46 巻。

村田康常（2010），「創造性と持続可能性──ホワイトヘッドの文明倫理学──」『名古屋柳城短期大学研究紀要』第 32 号。

吉原正彦（2006），『経営学の新紀元を拓いた思想家たち──1930 年代のハーバードを舞台に──』文眞堂。

8 〈見える化〉の多面性
──その経営学への示唆──

山 下 　剛

Ⅰ．はじめに

　昨今，管理手法として「見える化」が提起される機会が目に見えて増えている。見える化は字義通りに捉えれば「さまざまな物事を一目で見えるようにすること」である。その例は製造現場などでは標準作業表等であって，いわば官僚制であり，官僚制の克服を説かれることが一般的な経営学の世界からすると，見える化という言葉がこれほど世に広まるというのは決して自然なこととは言えないであろう。しかしここまで日常的にさまざまな場面で見える化という言葉が用いられるようになった現代において，その含意を問うことは経営学の重要な役割であると考えられる。

　本稿の目的は，「見える化」およびそのルーツともされるトヨタ生産方式ないしトヨタシステムにおける「目で見る管理」の研究を整理し，官僚制論やフォレット理論と重ねて考察することで，見える化がもつ多面性を経営学的な視点から明らかにすることである。「見える化」は経営の現場から立ち上がってきた一つのツールであり，その効果がアピールされることはあっても，経営におけるその位置づけ，見える化のもつ多面性がその全体として示されることはなかったと言っていい。また，見える化は元々トヨタにおける用語であり（e.g. 柴田 2003），トヨタ生産方式における「目で見る管理」にルーツがあると言われるが，では見える化は目で見る管理と同一なのか。本稿ではこうした点も踏まえ，見える化の多面性，その経営学への示唆を導出する。

Ⅱ. 〈見える化〉の概念

1．目で見る管理

　まず，見える化のルーツとされる目で見る管理がどのような議論だったか
を確認する。トヨタ生産方式が注目される大きな契機は，1973年の第1次
オイルショックとされ（大野 1978；小川 1982），それ以降，数多くの研究
が積み上げられてきた。トヨタ生産方式の生みの親とされる大野耐一『ト
ヨタ生産方式』(1978) に始まり，新郷 (1980)，大野・門田 (1983)，門田
(1991)，小川 (1982)，小川編 (1994)，野村 (1993)，猿田 (1995)，藤本
(1997)，Liker (2004) 等，多様な研究が存在する。これらの研究からわか
ることは，トヨタ生産方式と言ってもそれはかんばん方式が典型的であるよ
うに一工場の生産の局面に限定されない「システム」としての特徴をもち，
したがって，かんばん，アンドン等の手法やテクニックではなく（e.g. 大野
1978；新郷 1980；門田 1991；小川編 1994；Liker 2004, etc.），「一つの思
想」(小川編 1994)，「心構え」(藤本 1997)，「原理」(Liker 2004) と把握さ
れ，その観点をもって生産管理・労務管理・製品開発等各論が研究されてい
るということである。

　それぞれの研究の中で，目で見る管理はどう位置づけられているか。大野
(1978) を踏まえ確認してみる。

　大野 (1978) は目で見る管理の重要性を認識し強調していたが，体系的に
位置づけてはいない。ジャスト・イン・タイム (JIT) と自働化を二本の柱
と表現しているのとは対照的に，目で見る管理はその位置づけが明確には示
されてはいない。その言葉が出てくる頻度も多くはなく，3度ほどである。

　まず，異常が発生したら機械・ラインをストップする仕組みを組み込むこ
とを含意する「自働化」を従業員に当てはめて考えるに際して，「目で見る
管理」という言葉が出てくる。野球チームを例にしながら，次のように述べ
る。

　　「そのためには，平生から各選手の能力に当たる「標準作業」を認識し

 ておき，これにあてはまらない異常事態，つまり選手の能力が発揮されないときには，特訓によってその選手本来の姿に戻してやる。これはコーチの重大な責務である。

　かくて「自働化」によって「目で見る管理」が行き届き，生産現場すなわちチームの各選手の弱点が浮き彫りにされる」（大野 1978, 17 頁）。

　次に，大野は自身が「現場主義者」であるということを述べる中で，生産の現場に身をおいて「標準作業表」を作成したという経験を語りながら，目で見る管理という言葉を用いている（大野 1978, 40-41 頁）。

　最後に，同書には「主要用語事典」が付されており，そこに「目で見る管理」の項目が立てられている。この主要用語事典は非常に多くの項目が並ぶ中で，まず「トヨタ生産方式」という項目が立てられ，次に「ジャスト・イン・タイム」「自働化」というトヨタ生産方式の二本柱がつづくが，その次の項目が「目で見る管理」である（217-218 頁）。大野（1978）が目で見る管理を重視していたことがわかる。

　以上の大野（1978）による目で見る管理の記述からわかることは次の点であり，またその後の研究もその影響を受けることになっている。まず，大野（1978）では目で見る管理が自働化との関連で説明され，また，標準作業表・アンドン等がその手段として位置づけられている（新郷 1980；門田 1991；藤本 1997）。この場合，目で見る管理は「状況が一目でわかる」こと，「問題を顕在化させるもの」として位置づけられる（藤本 1997；Liker 2004）。

　ただし大野（1978）の記述から考えると，これに加えて重要なことは，目で見る管理とは現場主義を象徴する言葉であること，またトヨタ生産方式の運営手段と把握されているということである。前者は，目で見る管理が「一目で見える」ことだけでは済まないことを示しており，後者は，トヨタ生産方式の考え方が目で見る管理の背景にあることを含意している。

　この意味での目で見る管理の位置づけが明確にされているのは小川（1982）であろう。小川（1982）は「トヨタ生産管理の革新性」として次の5つを挙げた（393-395 頁）[1]。①現場の管理は現場でという発想と実践，②眼で見る管理の徹底，③不良品を後工程に送らぬとする考え方と実践，④改善

運動がリズミカルに行われている点，⑤システム的思考，である。

　ここで何より重要なことはトヨタ生産方式の「革新性」を表すものとして「眼で見る管理」が据えられているということである。トヨタ生産方式の研究の中でも目で見る管理をこのようにその中核に位置づけているものは上述の諸研究にはない。次のように説明される（小川 1982, 393-394 頁）。

　　「およそ管理も，問題点と解決の効果が眼でみえるのとそうでないのとでは著しい違いがある。トヨタ式生産管理はつねに問題を顕在化する。標準作業を決めて居候の存在を検出する。…（中略）…。このような「眼で見る管理」は関係者の興味と関心をよび起こし，参画の度合いを強めている」。

　小川（1982）の記述からは，目で見る管理の基礎に「現場の管理は現場で」という考え方のあることがわかる。これは「現場管理者を鍛える」ということと同時に，現場のことは現場において一番わかるという考え方が背景にあると言える。そしてまた，目で見る管理が改善運動に資するものであること，さらには，システム的思考がその背景にあることが示されている。「システム的思考」については次のように説明される。すなわち，トヨタ式生産管理の特徴は「質・量・コスト」の一体管理と，そうした管理が人間の意欲増進と一体化されているという意味での「総合的管理」であり（382頁），このような考え方が出てくる背景には，「個々の部分を見ないでシステム全体を観るという立場」がある（395頁）。

　大野（1978）が「現場主義」の表れとして述べた目で見る管理は小川（1982）で述べられた背景をもつものと言うことができる。すなわち，単に「一目で見える」ことではなく，それをシステム的思考をもって現場全体の経験と結びつけて理解すること，単に見せられたものを見るだけでなく，実際にその場に「見に行く」こと，経験することの重要性がここには含意されている。

2．見える化

　以上の「目で見る管理」から生まれてきたのが「見える化」である。見える化が現在においてこれほどまでに用いられるようになったのは，遠藤功『見える化』（2005）が大きな契機であろう。CiNii Books で「見える化」を検索すると，「見える化」がタイトルについた最初の著書は同書であることがわかる（2022年8月18日検索）。見える化とは，柴田（2003）によれば「個人用ファイルや人の頭の中にあるため他の人からは見ることができないものを，外部から見える形にすること」である（17-18頁）。

　遠藤（2005）は，見える化を次のように位置づけて捉えている。すなわち，経営の3要素を「ビジョン」「経営戦略」「オペレーション」とし，そして近年はこのうちのオペレーションにおいて各企業間の格差が表れているとして，このオペレーションにおける「現場力」の問題，さらに言えば「自律的問題解決能力」の問題の根幹にかかわるものとして見える化を規定する（13頁）。

　「自律的問題解決能力」の根幹であるということの含意は，問題解決のどこか一段階に見える化が有効ということではなく，問題の発見・分析・解決案の作成・実行という過程の各段階において，それぞれを促進し，そこで生じうる諸問題の解決に資するのが見える化だということである。具体的には，遠藤（2005）は，見える化の5つのカテゴリーとして「問題の見える化」「状況の見える化」「顧客の見える化」「知恵の見える化」「経営の見える化」を示し，さらにそれを異常・ギャップ・シグナル・真因・効果・基準・ステータス・ヒント・経験等，11の項目に分けてそのそれぞれの見える化が有効であることを示す。

　遠藤（2005）の見える化論で特徴的なことは次の3点である。まず第一に見える化を行動のトリガーと把握したことである。すなわち，「よい見える化」は，気づき・思考・対話・行動を育むと指摘する。第二に見える化は〈経営思想〉たるべしとの主張である。それは，現代における企業のさまざまな不祥事の原因を経営の「透明性の欠如」に求めるからである。第三に，「よい見える化」と述べたが，「見える」のであれば何でもよいとはもちろん考えられてはいない。IT偏重・数値偏重・生産偏重・仕組み偏重という4

つの「落とし穴」に言及する。すなわち，IT や数値による見える化は感情を伝えない，事実の一側面しか伝えない等の問題があること，見える化すべきは生産の現場だけではないこと，また見える仕組みと同時に携わる人々の「感度」が高くなければ機能しないということを指摘する。また遠藤（2005）は見える化を人の評価と結びつけることは支持しないと述べている（194-195 頁）。それは，そうすることによってさまざまな問題の「犯人探し」を行うことになってしまうからである。

　以上，遠藤（2005）によって見える化の多様な側面が示され，その分析を通じて見える化の意義が分かりやすい形で示されたと言える。

3．見える化の広がり

　目で見る管理がトヨタ生産方式の用語であることから，見える化は製造現場に限定されたテーマであると考えられるかもしれない。しかし，柴田（2003）は，見える化について，「個人活動ではなく，組織活動と情報共有を基本とするトヨタイズムの根幹」と述べ，さらに「「見える化」は様々な場面で使われている。たとえば生産においては，「目で見る管理」といい，…」と述べている。ここでは，見える化は製造現場を超えて組織全般に適用できると考えられている。このことは顧客・経営を見える化の対象とする遠藤（2005）の議論も同様である。

　元々，トヨタ生産方式自体が業種に囚われるものではない。トヨタ生産方式を生み出した大野耐一はかんばん方式のヒントを米国で見たスーパーマーケットから得ている（大野 1978）。山田（1994）は「サービス活動へのトヨタ生産方式の移転」を論じているし，若松・近藤（2001）はトヨタ生産方式の異業種への展開を議論している。さらに，Ortiz and Park（2019）は「見える化された工場（Visual Factory）」を議論する同書の序論において，見える化（Visual Controls）がいかに横断歩道や広告など社会のさまざまな場面で活用されているかを示しているし[2)]，Moulding（2010）は，5S について「あらゆる階層のスタッフが組織の改善する能力を強化すべく参画できるような道具」であると述べ（p. 3），見える化があらゆる階層の管理者にとって重要であることを示している。

見える化が製造現場を越えてなぜここまで広がってきているのか。一つの大きな原因としてITの進展をあげることができるであろうが，最大の要因は見える化が現代において管理の根幹を構成する要素だからである。

Ⅲ．見える化の多面性──経営学に対する含意──

以上を踏まえて，官僚制，科学的管理，フォレット理論等の経営学史上の諸理論との対比において見える化の多面性を確認し，経営学に対する含意を引き出したい。ここでは，目で見る管理と見える化の現時点における異同を確認する作業も重要となる。

1．官僚制としての「見える化」──科学的管理の生成を通じて──

見える化は経営学の視点から言えば，まず官僚制として評価することができるであろう。官僚制とは法・規則中心主義の組織であり，法・規則とは明示化されたルールに他ならない。このことの含意を，科学的管理を官僚制であると把握したクロースン（1980）の議論から考えてみよう[3]。

中川（1992）は，テイラーの科学的管理の生成の背景として，「記録制度」が登場したことの重要性を説いている。階級闘争という視点から科学的管理を把握し科学的管理を官僚制と把握するクロースン（1980）は，こうした記録制度がテイラー以前は簿記・会計の記録とその参照であったのに対して，テイラーによってそれまでいわば聖域であった労働現場の「作業」が時間研究・動作研究によって記録の対象となったこと，それが「計画室」によって指図書として編成され，活用されるようになった実態を描いている。

まず第一に，クロースン（1980）は，現場のことを現場労働者しか知りえないがゆえに，科学的管理以前の労働者は実質的に現場の統制権，権力をもっていたと把握し，逆に科学的管理によって作業の記録が成され現場の知識を経営側が得ることによって現場の統制権が経営側に移行したと見る。ここにおいて，見える化は権力の源泉として把握されている。

第二に，クロースン（1980）はこのことと関連して科学的管理によって企業における官僚制が生成したと述べている。ここで官僚制とは作業の知識が

経営側に移行することで労働者から作業過程の決定権が奪われ，管理・監督の仕事が分業化されて階層が出来上がったことを指している。官僚制の最大の特徴を階層に見ることができるかは疑問の余地があるが，科学的管理における作業の記録と指図書の作成という特徴から，規則中心主義としての官僚制に立っているということは言える。

　「科学的管理」と言うが，テイラーは科学を「過去に労働者によって所持されているあらゆる伝統的な知識を収集し，次にはそれを分類し表示し，そしてこの知識からルール・法則を抽出し，労働者が日々の仕事を為すことに際して大いに役立つような公式へと変えること」と説明している（Taylor 1998, p. 15）。科学には最初に「情報を収集する」というプロセスが必須であり，科学的管理において「記録」はこの意味で重要な位置を占める。テイラーはこの記録が簿記・会計の記録を越えて「作業」においても可能なことを見出し，かつそれを分類・表示することでルール・法則を抽出でき，それを公式として明示することで未熟練労働者でも一流の働きが可能となることを見出したのである。ここでは「記録」，分類後の「表示」，そして公式化されたものが指図書として「明示」されるという形で，科学が「見える化」そして官僚制によって機能している様子が浮かび上がる。

　科学的管理の基礎に見える化があり，したがって官僚制に立つ，ということは重要な意味がある。まず第一に，見える化の実践は官僚制の実践であり，見える化が問題解決能力の根幹であるとすれば，官僚制は問題解決能力の根幹である。ルール・法則を見出し，新たなものを定式化し続けていくという科学的管理が官僚制に立つということは，官僚制が決して硬直的なものではなく，組織の柔軟性の基礎であることを裏づける。

　第二に，ただし，見える化が官僚制に立つということは，かつてウェーバーが指摘したような官僚制の抑圧性の問題を見える化は有している可能性があるということでもある。

　この抑圧性の問題は遠藤（2005）の見える化の分析にすでに表れていると言える。遠藤（2005）は，見える化を人の評価と結びつけることは支持しないと述べている。しかし，このことは見える化がそのように用いられうるということを意味する。かつて A. ブラウン（1947）が提起した PDS の管理

サイクルは，最後の段階を Seeing（見ること）と規定するものであるが，ブラウン自身はこの PDS について監督活動（supervision）も想定して規定しており，Seeing を「計画の遂行の確認・検証」「異常の発見」のためのものとして把握していた。すなわち，監視としての見える化がここには想定されており，逆に言うと，見える化はこの監視活動と切り離しえないという側面をもつ。遠藤（2005）は「顧客の行動の見える化」について述べるが，それはつねに顧客の監視という危険性と隣り合わせである。見える化は，問題解決・組織の柔軟性を実現すると同時に，人間行動をコントロールするためにも用いることができるのであり，ここに抑圧性の問題をはらむものである。

2．見える化と経験──その目で見る管理との異同──

先述の柴田（2003）の説明では，目で見る管理は見える化の一種とも捉えられる。ただし，ことはそう単純ではない。両者の異同は非常に重要である。

まず両者で共通していることは，その役割について「問題の顕在化」および「問題解決」であると見たこと，気づきを与え興味・関心を与え参画を促すものと把握したこと，現場に焦点を合わせていること，である。

これに対して，遠藤（2005）は目で見る管理の重要な一側面を洗練させた。すなわち，「一目で見える」ことに焦点を合わせ，「見せる」ことの重要性，そして「見せる」ことが効果を発揮する領域の理解を拡大させた。すなわち，問題点が見えるためには何が見えなければならないか，そして問題点から解決に至るまでのさまざまなプロセスにおいても「見える」ことが効果を発揮することを示したのである。さらに，「見せる」ことは経営の透明性に寄与することが示された。

さて以上のように見ると，見える化は目で見る管理を全面的に洗練させたものであるかのようだが，必ずしもそうではない。むしろ，見える化は目で見る管理の一側面であると考えることができる。なぜなら，見える化の考え方には，かつての目で見る管理にはあった，大野（1978）の言う「現場主義」，小川（1982）の言う「システム的思考」が十分には含み込まれていな

いからである。遠藤（2005）も IT 偏重・数値偏重の落し穴を述べる際にこの点を述べているが，「見せる」ことを強調するあまり目で見る管理には含み込まれていた「見に行く」という視点がほぼ入っていない。大野（1978）が目で見る管理を「現場主義」と結びつけているのは，目で見る管理が，あらゆるものを「見える」ようにすることと同時に，経営陣も含めて管理者が現場に「見に行く」べきだという発想が込められていると言える。「見に行く」とは，その場に行って当事者として経験するということであり，そこには単に「見る」以上の「経験する」ことの重要性が含意されている[4]。

　ここで言う「経験」とは M. P. フォレット（1924）の言う，「代替的経験」に対するところの「創造的経験」である。代替的経験とは，他者の提供する情報や意見を何も考えることなく正しいものとして受け入れることであり，いわば傍観者的な経験であって，創造的経験とは，つねに他者の提供する情報・意見を自らのもつ情報や意見，概念や知覚と織り合わせ，新たな考え方を創造していく経験，円環的対応としての経験，言い換えると当事者としての経験である（西村・侯 2020）。目で見る管理とはこの意味での「経験」だと考えると，それは，管理者の偏った考え，現場だけの偏った考えを超えて，個々の部分だけでなく全体を見るというシステム的思考に立つものだと言える。

　この点が非常に重要なのは，「見に行く」という観点，管理者側が実際にその場の当事者としての経験を積むということがなければ，見える化は容易に人間行動をコントロールするための監視活動の道具，したがって抑圧的な道具と化してしまうからである。

　この抑圧性の克服のためには，フォレットの「コンフリクトの統合」というアイデアが必要である。統合とは2つの異なった欲望がそれぞれ満たされいずれの側も何も犠牲にする必要のない解決方法を見出すことであるが（Follett 1995），この「コンフリクトの統合」の基礎は「見せる」ことと同時に「見に行く」ことである。すなわち，フォレットは統合のための第一段階を「両者の相異を表に出す」こととし，そして次にはそれぞれが「円環的対応」を採ることを促す（Follett 1995）。ここでは，まず相異を「見える」ようにすることと同時に，両者がその見えるものを見に行き連関させること

の重要性を説いている。すなわち，この統合の考え方では，単に相手の行動が見えるということではなく，相手の立場の理解に立ち，その理解の上に相異を統合するということが意図されている。見える化が人間行動をコントロールするための単なる監視機能に陥らないためには，コンフリクトの統合を志向すること，同じ立場を経験し相互理解を得ようとするプロセス，「見に行く」というプロセスが不可欠である。

Ⅳ．おわりに──その経営学への示唆──

　以上の見える化の把握はその多面性を示すと同時に，経営学に対して重要な示唆を与える。すなわち，見える化は，遠藤（2005）の言う「現場力」「問題解決能力の根幹」を超えて「経営の根幹」と考える必要性があるのである。それは次の2点から言える。まず第一に，見える化とは，科学的管理が「記録」し「計画」し「公式化」するプロセスであることから明らかなように官僚制を含意し，それは人間行動のコントロールのための監視機能を果たすと同時に，問題解決能力の根幹として組織の柔軟性実現の柱であるが，この監視・コントロール・問題解決という機能性は製造現場に限定されず，顧客に対するマーケティングから経営陣に対するコーポレートガバナンスに至るまで組織とその管理のあらゆる領域で発揮されるからである。
　第二に，以上の観点は見える化が総じて組織の機能性実現の柱であることを含意するが，同時にまたそれは，官僚制であるがゆえに諸個人の抑圧性の根であり，逆に，その抑圧性克服のためのコンフリクトの統合の基盤でもあるからである。すなわち，見える化は，管理における組織の「機能性」，諸個人の抑圧性という「問題性」，コンフリクトの統合という「可能性」のいずれの実現についても鍵を握る存在である。抑圧性を超え統合に向かう可能性を見える化が有するには，現時点において欠けている，「目で見る管理」のもう一つ側面，管理者側が見える化の対象，管理される対象と同じ立場を経験しようとする「見に行く」という側面を取り入れる必要がある。この可能性に向けた見える化のさらなる検討が必要であるが，この点は今後の課題としたい。

注

1）厳密に言えば6つであるが，紙幅の都合上割愛する。
2）なお，本稿では後述するように「見える化」と「目で見る管理」を分けて捉える。ただし，両者の英語表記は Visual Control か Visual Management が対応し，両者の間に明確な区別はなく，いずれも基本的に本稿で言うところの「見える化」を内容としていると考えられる。
3）F. W. テイラーの「科学的管理」をどう把握するかは諸説あるが，本稿では，三戸（2002），中川（2012, 終章）の，技術体系としての「テイラーシステム」，「計画と執行の分離」という原理で把握する「テイラリズム（テイラー主義）」，科学的管理の本質としての「経験から科学へ」と「対立から協調へ」に立つ「精神革命」の3つの把握があるという立場に立つ。クロースン（1980）は「テイラーシステム」を踏まえつつ「テイラリズム」段階において「科学的管理」を把握している。本稿において検討しているのは「精神革命」段階の，とりわけ「経験から科学へ」を含意する科学的管理が官僚制の基礎となるという点である。「テイラーシステム」「テイラリズム」段階の科学的管理は未だ官僚制の基礎とはなりえないと考える。しかし残念ながら，この検討をする紙幅がない。他日を期したい。
4）なぜ見える化から「見に行く」という側面が抜け落ちていったかについては，目で見る管理の中の「問題解決」という組織の機能性を実現する側面のみが注目された結果だと考えられるが，この点はさらなる検討を必要とする。今後の課題としたい。

参考文献

Brown, A. (1947), *Organization of Industry*, Prentice-Hall. (安部隆一訳編『経営組織』日本生産性本部，1960年。)
Clawson, D. (1980), *Bureaucracy and The Labor Process*, Monthly Review Press. (今井斉監訳／百田義治・中川誠士訳『科学的管理生成史』森山書店，1995年。)
Follett, M. P. (1924), *Creative Experience*, Longmans, Green and Co. (三戸公監訳／齋藤貞之・西村香織・山下剛訳『創造的経験』文眞堂，2017年。)
Follett, M. P. [Graham, P. (ed.)] (1995), *Prophet of Management*, Beard Books. (三戸公・坂井正廣監訳『M・P・フォレット　管理の予言者』文眞堂，1999年。)
Liker, J. K. (2004), *The Toyota Way*, McGraw-Hill. (稲垣公夫訳『ザ・トヨタウェイ（上・下）』日経BP社，2004年。)
Moulding, E. (2010), *5S: A Visual Control System for the Workplace*, AuthorHouse.
Ortiz, C. A. and Park, M. R. (2019), *Visual Controls*, CRC Press.
Taylor, W. (1998), *The Principles of Management*, Dover Publications, Inc., Originally published in 1911. (有賀裕子訳『新訳　科学的管理法』ダイヤモンド社，2009年など。)
遠藤功 (2005),『見える化　強い企業をつくる「見える」仕組み』東洋経済新報社。
大野耐一 (1978),『トヨタ生産方式』ダイヤモンド社。
大野耐一監修／門田安弘編 (1983),『トヨタ生産方式の新展開』日本能率協会。
小川英次 (1982),『現代生産管理論（増補訂正第2版）』金原出版。
小川英次編 (1994),『トヨタ生産方式の研究』中央経済社。
経営学史学会監修／中川誠士編 (2012),『テイラー（経営学史叢書Ⅰ）』文眞堂。
猿田正機 (1995),『トヨタシステムと労務管理』税務経理協会。
柴田誠 (2003),『トヨタ語の事典』日本実業出版社。
新郷重夫 (1980),『トヨタ生産方式のIE的考察』日刊工業新聞社。
中川誠士 (1992),『テイラー主義生成史論』森山書店。
中川誠士 (2012),「二一世紀のテイラリズム──「計画と執行の分離」の行方──」経営学史学会監

修／中川誠士編著『テイラー（経営学史叢書Ⅰ）』文眞堂，終章，172-211 頁。

西村香織・侯利娟（2020），「経験から捉えるアクティブラーニング──M. P. フォレットの経験論に基づいて──」『産業経営研究所報』第 52 号，13-27 頁。

野村正實（1993），『トヨティズム』ミネルヴァ書房。

廣瀬幹好（2019），『フレデリック・テイラーとマネジメント思想』関西大学出版部。

藤本隆宏（1997），『生産システムの進化論』有斐閣。

藤本隆宏（2004），『日本のもの造り哲学』日本経済新聞社。

三戸公（2002），『管理とは何か』文眞堂。

門田安弘（1991），『新トヨタシステム』講談社。

山田基成（1994），「トヨタ生産方式の新たな挑戦（2）──販売・サービス活動にみる取り組み──」小川英次編『トヨタ生産方式の研究』日本経済新聞社，191-208 頁。

若松義人・近藤哲夫（2001），『トヨタ式人づくりモノづくり──異業種他業種への導入と展開──』ダイヤモンド社。

9 経営学史における人類学的な組織研究の系譜と展開

砂　川　和　範

Ⅰ．はじめに

　本稿の目的は，黎明期の経営学史においてあった人類学的な企業・組織研究を確認したうえで，その退潮後，継承，継続した関連領域での展開も踏まえ，近年の経営学における民族誌（ethnography）の技法の再興隆にいたる状況変化を系譜的に検討することにある[1]。とくに文化人類学（主に米国），社会人類学（英国），シカゴ学派社会学の果たした役割を確認し，最後に国立民族学博物館グループを検討する。

Ⅱ．初期経営学史における人類学者

1．人間関係論学派と人類学者

　周知のように，経営学史において人類学が貢献する起源となるのは，1924～32 年にシカゴ大学を拠点として行われたホーソン工場研究で知られる人間関係（human relations）論である。メイヨーは，フロイト派精神分析の影響のもと産業・実験心理学や論理学を学び，豪クイーンズランド大学で哲学講座の教授であったが，その後，米国に渡り経営学へと向かう。そしてホーソン工場研究に途中から関与する過程で，人類学的な研究に移行する。当初は会社の研究者のみで行っていたが，研究スタッフたちがハーヴァード・ビジネス・スクールの研究者たちに相談を持ちかけ，臨床心理学者，カウンセラーのレスリスバーガーと文化人類学者ウォーナーを雇い入れ実験を継続した（Caulkins and Jordan 2012）。

2．行動科学と産業人類学への分岐——経営学・人類学双方での退潮——

　メイヨーは，後にロンドン大学（LSE）に 1927 年創設された社会人類学科初代主任教授マリノフスキーの調査協力者でもある。マリノフスキーは二次資料を中心としていた草創期の人類学者，たとえばフレイザーら社会人類学の方法に飽き足らず，世界の様々な地域で，数ヶ月から数年に渡る長期参与観察にもとづく民族誌的な文化研究を開始した人物である。

　ところが，メイヨーと共同研究を行った若輩のレスリスバーガーらは，より科学主義的な指向性のもと，人間関係論を実験心理学さらには行動主義の方向へ発展させる（レスリスバーガー・ディクソン 1950）。この状況から 50 年代には，人間行動の基礎理論とその応用に関する研究を一括して行動科学（behavioral science）と呼ぶようになった。応用志向が強かった初期人類学から生まれた人間関係論の最も重要な貢献は，組織におけるインフォーマルな構造を重視し人間の感情的・社会的側面が生産能率にプラスの影響を与えるという主張にある。時期的に科学的管理法には納得できない経営者や世論が求めていたものに答える時代を捉えた理論であり，その後の組織行動，リーダーシップ論やモチベーション理論などの基礎理論となった。

　一方で，これらの研究は機能主義にまだ大きく影響されていた。それゆえに企業組織の実際的な問題を十分に説明することができない傾向があったため，引き続き，ハーヴァード大学やシカゴ大学で学んだ人類学者によって，北米を対象とした研究が進む。こうした研究は産業人類学（industrial anthropology）と呼ばれる。

　しかし，その後，人類学プロパーの分野においては，学問的制度化が進むなかで，応用学問と純粋学術研究との峻別や，人類学の対象としての海外「未開社会」での長期参与観察が本道という発想が強くなり，現代組織を対象にした研究は，まとまった潮流が形成されることはなかった。この傾向は 60 年代まで続く。その理由として第一世代の産業人類学者たちが，他分野に移動してしまったこと，ベトナム戦争下の社会状況の中で，政府や大企業などをスポンサーとした調査を行うことの倫理的な正当性が問題となったこと等がある（Moore 1988；レスリスバーガー・ディクソン 1950；佐藤 2010；伊藤 2017；藏本 2019 など）。

Ⅲ．民族誌的産業・組織研究の継承と継続

1．ウォーナーとシカゴ学派社会学者たち

　初期経営学，人類学の産業・組織人類学の退潮以降の時期に，民族誌的組織研究を継承，継続していた2つの学派をみておく必要がある。まずシカゴ学派社会学である。ホーソン研究の最終局面を担当したウォーナーは，1929〜35年ハーヴァード大学で人類学部とビジネス・スクールの両方に籍をおいてホーソン研究の作業観察研究を指導していた。彼は英人類学者ラドクリフ＝ブラウンやマリノフスキーのもとで社会人類学的な訓練を積んでいる（Holzberg and Giovannini 1981；佐藤 2010；伊藤 2012）。

　彼はその後，シカゴ大学人類学部と社会学部で教鞭をとる傍ら産業人間関係委員会を設立する。同委員会に関与していたホワイトや，ロイ，ダルトンといったシカゴ学派社会学者たちによって民族誌的研究が継承された。ロイは，シカゴにある機械工場で働きながら参与観察を行いホーソン研究における解釈を真っ向から否定した。ダルトンは，労働者というよりはむしろ管理者たちの間で形成されている社会的世界に焦点をあてた民族誌で知られる。（Whyte 1944；Roy 1952；Dalton 1959）。代表的存在のホワイトはハーヴァード大学のジュニアフェロー時代，ボストン郊外にある伊系米国人社会で参与観察を行いその後，シカゴ大学にてウォーナーの指導のもと当該研究で博士号を取得する。1944年には同大ビジネス・スクールにおいて産業人間関係委員会の常勤スタッフとなり，1948年にコーネル大学産業労働関係学部の教授に就任する。彼は，ウォーナーの演習において直接ホーソン工場における研究について詳細な話を聞き批判的な印象を持っており，そのことが地域社会研究から産業社会研究に転じた重要なきっかけとなった（Whyte 1987）。

　社会学の分野に関しては，この1940〜60年代が参与観察的手法にもとづく民族誌の黄金時代であった。しかし，その後，社会学の組織研究においても定量的な研究方法が主流の位置を占めるようになる（金井他 2010）。

2．マンチェスター学派社会人類学の産業・企業研究

　英国ではマンチェスター大学に 1949 年創設された人類学科を中心に，50 年代にはマンチェスター学派が登場した。初代教授グラックマンはマリノフスキーの弟子であり，動的な社会構造論を唱えて都市研究や法人類学で足跡を残した。また英国では制度化が遅れていた社会学の導入に尽力し，マンチェスターの工場研究を中心に産業社会学者の育成を行った（Evens and Handelman 2006）。さらに人間関係学派とも関わりを持ち例えば小集団研究で知られるホーマンズを同大学に招聘もしている。

　英国では労働研究の伝統の厚い分，社会人類学は，企業と外部の社会構造の接合・軋轢といった問題に焦点を当てる点で総じて米国文化人類学と比べると企業研究への志向性も強かったといえる。この伝統のもと，後にライトらは①異なる組織形態における土着の経営システムの特徴②組織における変化やジェンダーという問題③社会的に不利な状況にある人々に対するエンパワーメントという 3 つの問いを軸とした議論を展開している（Wright ed. 1994）。

Ⅳ．経営学と人類学の再邂逅――80 年代以降の状況変化と相互浸透――

1．経営文化論と組織民族誌

　状況に変化が現れたのは 80 年代以降である。日本企業の成功についての多数の研究が登場し，これらの研究動向は，経営学において人類学とも共振しつつビジネスの成功はその企業がもつ「文化」と関係があるという考えや分析枠組みを提示する。組織文化について組織心理学のシャインは 3 段階のレベルを考える。①社名，ブランド，ロゴなど可視的な表現的レベル，②背景として組織内で共有される戦略や哲学といったレベル，③明示的にされない価値観として存在するレベル，である（Schein 1985）。とくに，③のレベルは，集団として獲得された価値観，理念，仮定であり，組織が発展するにつれ当然視，無意識化される次元である。

　このような組織文化についての捉え方の深化は，その後クンダの民族誌的研究を生んだ（Kunda 1992）。調査対象は，急成長を遂げたハイテク系ベン

チャー企業で，成長の原因とも凋落の原因とも言われた際立った企業文化に
対し，労働環境やイデオロギー，行動様式，儀礼などを詳細に記述し，文化
そのものもエンジニアリングの対象となり微妙かつ巧妙なコントロールの
ツールとして使われる姿が描かれる。

　また組織文化論の時代には，経営学が日本の製造業への関心をもとに，対
象を生産現場のマネジメントまで含めた視点へと拡張する一方で，生産現場
の作業組織を伝統的に調査研究してきた労働研究がホワイトカラー経営組
織の研究を対象にする，という相互浸透が進んだ（Lazonick 1990 など）。
同時期，人類学からも仕事の人類学（anthropology of work）という研究
群が登場し，多くの人類学者が企業を調査対象にするようになった（平井
1998；松田編 2002；床呂編 2015）。そこでは labor と work という語を使い
分け，産業社会学，経営学，等々の分野が労働中心主義的な思考に拘束され
ていることを批判的に捉え，仕事・労働の現場に関する各社会文化の民族誌
を通じて考察する。work は近代化やグローバル化，移動・移民の増加等に
よって，生活において重要性を増すなか，ジェンダー，年齢・世代等による
違いも踏まえ経済的な意味だけではなく，アイデンティティや人格にまでか
かわる（中谷他編 2016）。

2．質的研究への関心の高まりと民族誌——解釈学的転回と日常的実践——

　今日，民族誌の方法は文化人類学・社会学はもちろん，経営・教育・心
理・医療・看護・福祉など臨床現場での社会調査手法として広範に浸透しつ
つある。背景として，すでに 70 年代以降，社会科学全般において定性的方
法に対する本格的な再評価がなされるようになっており，その基底にあるの
は現象学や社会構築・構成主義への注目による「解釈学的転回」と呼ばれる
パラダイム・シフトである。

　また定性的方法としての人類学の方法の特質は，とくに長期的な参与観察
にもとづく「日常的実践」の観察のなかで対象を考察することにもある。と
くに経営学においては 90 年代中頃より事例研究の方法論としての民族誌に
ついての議論が盛んとなる。なかでも組織文化への関心は，文化の研究を専
門領域としてきた人類学の発想や概念，手法についての関心を高めていくこ

とにもなった（ASQ 1979；Schwartzman 1993）[2]。そこには日常的な実践の
なかからみた企業文化やのちに実践としての戦略（SaP）研究につながって
いくような戦略形成過程に対する関心や，その方法的探索という背景があ
る。加えて，民族誌的手法による研究の再評価を支えてきたのは，いわゆる
質的研究一般に対する関心の増大であり，またその組織研究への適用の拡大
である。

　60年代以降，従来の実証主義的方法に対する懐疑が本格的なものになり，
実証主義に関する通念に沿った調査技法の持つ限界を踏まえてインフォーマ
ル・インタビューや現場観察などの質的技法に対する本格的な見直しが起
こった。例えばクンダによれば，民族誌の方法とは，単に演繹的推論と対照
的な帰納的方法ではない。まずデータの解釈に際し作品の最終目標であるパ
ターン，解釈，理論が自動的に立ち上がってくるわけではなく，そこには能
動的で創造的な瞬間がある。人工物，物語，言葉，出来事など調査現場で得
たデータが，それら自体を超えて，意味になる瞬間，包括的な解釈的ナラ
ティブの構造が出現する決定的な瞬間は，プログラム化されているわけでは
ないのである。そういった状況においてこそ，創造的な瞬間が起こるのを
期待できる方法的なプラットフォームが民族誌なのである（金井他 2010，3
章，クンダ稿，120頁[3]）。

3．人類学におけるビジネス研究の台頭と臨床的社会研究

　人類学界プロパーにおいても，新しい状況が2点生まれている。

　第1に，人類学者が学界外で仕事をする機会が増加したことがある[4]。現
在，人類学者は企業，行政組織，非営利組織などいろいろな組織で働くよう
になっており，その過程のなかで研究対象も即応して変化してきている。そ
のような傾向の中心にビジネス研究の人類学がある。例えば 2005 年には，
マイクロソフトとインテルが中心となって EPIC Advancing the Value of
Ethnography が設立されたことは象徴的である[5]。毎年国際学会が開催され
企業民族誌の情報交換会とともに，実務家を中心とした実践人類学者の集ま
りとなっている。中心メンバーのインテルのアンダーソンは文化人類学で博
士学位を取得している[6]。メンバーの多くは，NAPA（National Association

for the Practice of Anthropology）や 2018 年 NAPA メンバーによって立ち
上げられた GBAS（Global Business Anthropology Summit）との相互交流
も盛んである（例えば，テット 2016, 2022 など参照）。

　また国際学会の設立，国際ジャーナルの刊行でみると，最近でも米国人
類学会（AAA），応用人類学協会（SfAA）ではビジネス人類学に関する
セッション，ワークショップが毎年開催されている。1980 年 AAA 傘下
に Society for the Anthropology of Work，さらには 1983 年 AAA に The
National Association for the Practice of Anthropology が設立された。ま
た 2009 年国際人類学・民族学科学連合（IUAES）傘下に Commission on
Enterprise Anthropology も設立された。国際ジャーナルとしてもコペン
ハーゲン・ビジネススクールの人類学者モーランらによって 2012 年創刊さ
れた *Journal of Business Anthropology* や，メダイール大学のティェンの呼
びかけで中国と米国を中心として 2010 年創刊された *International Journal
of Business Anthropology* がある。

　第 2 に，特定地域についての人類学的研究一般もまた，グローバルな理解
を必要とするようになった結果，領域横断的で複雑な組織を分析することが
普遍的となったことがある。つまり応用人類学の時代となり，企業，労働組
合，中小企業，行政機関，大学，学校，医療機関，NGO，観光，先住民組
織，仮想組織等々が対象となった領域横断的な試みが必要となる。例えば福
島真人は，東南アジアの政治と宗教についての文化人類学から研究キャリア
をスタートさせたが，現在，科学技術社会学（STS）領域，とくにバイオ諸
分野，創薬過程，データサイエンス，宇宙科学と政治，経済，社会の相互関
係に視点を移し，期待社会学，インフラ研究，科学とアート／デザイン，科
学のシャドーワーク，批判的エビデンス学等へとマルチに対象や方法を跨ぎ
民族誌的研究をすすめる（福島 2017）。

　こういった傾向においてアクション・リサーチやプロセス・コンサルテー
ションを含めた臨床的方法についての議論も発展している。民族誌の方法で
はフィールドでの活動には参加するが相手組織に介入しないように観察者で
あり続ける。対照的に臨床的方法では相手組織の主力メンバーがクライア
ントとなり，研究者でコンサルタントでもある専門家が，その組織内部に入

り，介入して，変革する支援をする（金井他 2010）[8]。

4．経営学と応用人類学の相互浸透

　日本をフィールドとした研究においても 90 年代より経営学において民族誌の導入のみならず，民族誌と他の方法を組み合わせたトライアンギュレーションなど方法論的多元主義の議論が盛んになる。紙幅の制約もあり簡単に紹介するにとどめるが，MIT を中心としたボストン周辺の企業家ネットワークの民族誌（金井 1994），シカゴ学派社会学の流れを汲む方法による小劇団を事例とした創造産業のマネジメントに関する民族誌（佐藤 1999），液晶ディスプレイの技術開発史をめぐる行為論的手法（沼上 1999），東京，築地の魚市場を対象として，経済・流通・食文化・消費・制度・社会・伝統・歴史から重層的かつ動態的に分析し，グローバル市場や日本各地の大小の市場との関係や，築地内部の人間関係に至るまで，それぞれのネットワークのメカニズムを明らかにした文化人類学のベスター（Bester 2004），「太陽光プロジェクト」の歴史についての産学官連携過程を質的組織論，経営史，行政学をクロスさせ記述する手法（島本 2014）などの優れたモノグラフがある。

　また 2000 年代からは，国内外で経営学と人類学の相互浸透がさらなる展開をみせる。英社会科学の伝統から登場し，構造主義的な権力概念やイデオロギー分析にもとづく批判学派（critical management studies）とも共振しつつ質的研究として発展するディスコース分析など新潮流が急速に発展している（Grant et al. 2004；ハッチ 2017）。分析の焦点としては①組織間関係②組織と環境の関係③組織内部の動態④その他，専門家の文化や実践共同体の状況的認知や正統的周辺参加（LPP），実践としての戦略（Johnson et al. 2007）方法論としては，組織研究に人類学的な参与観察の視点としてイベント（会議など），記号（企業ロゴなど），ディスコース，ドメイン（組織内部の言説，鍵概念，議論のトピックと，そのパフォーマティヴな状況），（アクター）ネットワークなどがある（Miller 1987, 2001；砂川 2001）。またコールキンらの論集は多様な展開をもつ領域横断的で複雑な組織を理解する際に，多様な理論と方法論の必要を示している。例えば社会学的新制度学派，神経科学，状況的・文脈的アプローチ，グループ・グリッド分析，ハ

ナン・フリーマンの文化生態学など（Douglas ed. 1982；佐藤・山田 2004；
Hannan and Freeman 1977；Caulkins and Jordan 2012 など）。

　以上，米を中心としつつも欧州やアジアで企業を対象として，応用人類
学手法による研究の興隆が著しい。その対象は，従来，経営学固有の領域
とされてきた経営，マーケティング，消費者行動，組織文化，人事であ
り，モノからサービスに拡がるビジネス分野での民族誌研究である（Denny
and Sunderland eds. 2015；Hasbrouck 2017；Jordan 2012；Tian et al. eds.
2013）。しかし，一方で人類学プロパーは警鐘も鳴らしている。ビジネス研
究において人類学が単なるツールのひとつに矮小化される傾向が生み出した
結果，ギアツが「分厚い記述[9]」として述べたような本来の民族誌の強みが失
われたこと，そのこと自体が逆説的に新規なビジネス的洞察を阻害しかねな
いという指摘である（伊藤 2017；Hann and Hart 2011 など）。この点に留
意し民博グループの先駆的な試みを紹介したい。

Ⅴ．日本固有の経営人類学の系譜──民博グループ──

1．国立民族学博物館「経営人類学」──「会社」の民族誌──
　国立民族学博物館[10]における経営人類学[11]の端緒は，1993 年「会社」文化の
「社誌」つまり民族誌をテーマとする一連の共同研究である。日本独自の文
脈から生まれた存在であり，創設期からのスタッフで宗教人類学者中牧弘允
の呼びかけで人類学，経営学，社会学などの研究者が集い開始された（中
牧 2006[12]）。中牧・日置編（1997）を端緒として共同研究が一応の終了をみ
る 2009 年に至るまで成果論文集「経営人類学シリーズ」は 10 冊を超える
（中牧編 1999；Nakamaki ed. 2002；中牧・日置編 2003, 2007, 2009；Denny
and Sunderland 2015；Nakamaki et al. eds. 2015, 2019）。その活動は，論
文書籍のみならず日本民俗学の祖，柳田國男にならった新聞連載などに広が
る（中牧他 2001, 2003）。

2．民博グループの視角と対象──「社縁」──
　視点としては，企業を単なる利益集団ではなく，一種の生活・文化共同体

として全体性のなかで把握する。文化相対主義，文化的価値観に照らして時間観・空間観といったコスモロジーの把握につとめる。対象を主体と切り離された客体として捉え抽象的普遍性によって，仮説，演繹的推論，実験の反復による客観的法則を見つけようとする科学的立場とは対照的方法である。主体と対象間の相互主観的な意味解釈を重視することで，現象記述に関しては直感，経験の構造の重視，類推の積み重ねを基にした物語形成，意味了解という解釈主義的方法を重視する（Moeran 2005；砂川 2007, 2008, 2012, 2020；Sunagawa 2007, 2008, 2009a, 2009b；住原他編 2008）。

　民博共同研究の特徴は，またその対象とテーマ設定にもある。中牧他編（2019）は，これまでの多彩な研究を①「社縁」文化の研究と②経営理念の研究に大別する。①は会社儀礼，会社神話，企業博物館，企業スポーツなどの調査にもとづく民族誌，②は日本企業をはじめとするアジア企業の経営理念の生成・伝播・継承のダイナミズムやガバナンスの問題の追究である。とくに特徴的な①については日置によって参与観察の代替案として考案された企業博物館の研究に始まる。次テーマは会社儀礼であった。とくに日本で発達した社葬が格好の研究対象となった。他にも入社式や物故者供養，企業スポーツなど通過儀礼としての会社儀礼へと展開する[13]。儀礼を発展させるなかで会社神話，すなわち創業神話，英雄神話，ブランド神話などに始まり組織に潜む神話，会社文化のグローバル化，会社のなかの宗教，聖地や祝祭などの聖空間，等々がテーマとなった（中牧 2006；Nakamaki ed. 2002；Nakamaki et al. eds. 2015, 2019）。

3．システム構成原理──経営学の一領域としての課題──

　民博経営人類学は単に民族誌の手法や人類学的視点によるビジネス研究ではない。組織や社会の管理・運営など，経営的側面に文化的な視点から接近するひとつの方法である。そのうえで重要なこととして，主催者の一人，日置弘一郎は，経営学の主軸を①経営そのものの原理，②システム構成原理，③制御の理論の3つの分岐として捉え，経営人類学を②を主に検討する研究プログラムとして構想する（日置 2000）。

　例えばひとつの参照点として，ポランニーがかつて指摘した市場（貨幣，

等価交換），共同体（互酬，贈与），国家（集中と再分配）の3交換原理がある。経営人類学は，この3類型を単に区別・分類化するだけにとどまらず，3つの相対的に独立した交換系をシステムと捉え，その相互作用的関係からみることに可能性を見出す（ポランニー 2003；日置 1994, 2002）。事例として例えば，近年，政府によって，中小企業，とりわけ生業（家族零細経営）についてその生産性向上が叫ばれ再編促進が議論される。しかし生業は，一般的な近代企業との対比において明確な特徴があり，そこに経営上の利点が存在する。近代企業が①賃労働者の雇用，②厳密な利潤計算にもとづく利潤追求，という前提があるのに対し，生業においては①家族労働が主体，②利潤計算を厳密には行わない，③家計の維持，家族の継承または収入の拡大が目的という前提がある。その結果，⑴生活の維持＞経済効率の追求，⑵投下労働量に対して生産額は少ないが，生産性は決して低くない，⑶人件費と減価償却がない，⑷損益分岐点の売上高が低いため，主観的利益が相対的に大きい，⑸機械設備は，使えば使うほど安上がりとなり，維持費用以外の費用がかからない，⑹家内工業は，職住近接ゆえ余剰時間の利用が容易で，時間費用についても有利，⑺技術水準さえ達成できれば規模や価格競争力は問題とならないゆえ対人サービスや熟練技能に依存するものでは，むしろ競争優位性を持つ，⑻しばしば兼業される。産地で自営農と兼業される零細子機などを想起されたい。地場産業の構造は，このような生業まで含めてこそ成り立っていることが多い。

　以上の8点を踏まえれば近年の政策方針では，このような利点とその存在意義をみすみす破壊しかねない。経営人類学の視点は，単に文化摩擦の解消などだけを目的とせず，多様な社会における効率の差異や，それを生み出す装置について明確にする。その上でそれぞれの社会には異なる組織編成原理や社会行動があり，また他の社会システム構成要素とは，それぞれの社会に適合した編成がなされるがため一元的な効率概念での比較は困難であることを示す。また通時的にも近代以前に生産を担当していた社会システムの管理や制御の様式を引き継いでいる部分を明確にし，それが現在どう機能しているかも観察する。それは従来，経営史学が蓄積してきた膨大な知見を応用する試みに繋がる。以上の点は，近年注目を集めるファミリービジネスの持続

性，産学官のトリレンマ的相互作用といった現代的テーマを想起すれば，産業・ビジネス分野が，政治や，地域，家族，医療といった固有の論理を持つ社会領域，あるいはテクノロジーと密接に関係を持ちながら動いている世界の研究への，その貢献可能性は高く見積もることができる。

Ⅵ．結び

　経営学において人類学的手法は，（経営学の臨床化も叫ばれるなか）ひとつのツールとして復権しつつある状況を確認した。一方で，こうした傾向に対する懸念もあった。ここで臨床性とその変質について優れた功績を残したフーコーについて想起しておくことはヒントとなる。彼は医学的臨床が近代科学の時代以降，不用意に組織化され制度化されていくに従って変質し，いかに臨床の知の趣旨と反対なものに転じていったかを描き出した（Foucault 1963）。経営学についても同様の懸念を考える上で民博の試みは現況に一石を投じるものといえる。

注
1）集団・社会の生活や行動様式を，データや統計を活用して調査する定量的な研究とは対照的で，インタビューや参与観察によって調査する手法や，記録文書（松田他編 2002；床呂 2015）。方法としては，①先入観を持ち込まない，②事実データの内側に自らを置く，③日常的で単調な事実データを軽視しない，④事実データにもとづき理論を組み立てる，⑤事実データを収集した経緯を生々しく語りかける，という点が特徴となる。
2）*Administrative Science Quarterly* 誌は，1979 年に組織研究における質的調査法の特集を組んでいる。
3）クンダ稿，関連して Glaser and Strauss（1967），学習における「最近接発達領域」で知られる Engström（1987）の拡張的学習研究の方法としての抽象から具体への上向の弁証法なども参照。
4）ウェイン州立大学は人材育成機関の嚆矢的存在である。https://clas.wayne.edu/anthropology/research/business-org（最終アクセス：Apr 6, 2022）
5）https://www.epicpeople.org/（最終アクセス：Apr 20, 2022）
6）Dr. Ken Anderson
7）Commission on Enterprise Anthropology @IAUES は以下のように継続的に開催されている。2009 年 China，昆明大学（初の Enterprise Anthropology 分科会開催），2013 年英国，マンチェスター大学，2014 年日本，幕張メッセ，2015 年バンコク，Thammasat University，2016 年クロアチア，ドブロブニク，Hotel Palace，2017 年カナダ，オタワ大学，2018 年ブラジル，フロリアノポリス，Universidade Federal de Santa Catarina，2019 年ポーランド，Poznan,

Adam Mickiewicz University, 2020 年（オンライン）クロアチア, Šibenik, Institute for Anthropological Research, 2021 年（オンライン）メキシコ, Yucatán, 2022 年中止ロシア, St. Petersburg。

8）研究者が現場の変革を一方的に計画して主導するというより当事者と研究者とが互いに学び合いながら現状認識を深め当事者自身による変革を研究者が支援するのが当事者参加型のアクション・リサーチである（箕浦 2009, 4 章）。また Schön（1984）は「内省的実践家」（Reflective Practitioner）という概念において実践者の状況に対する自発的な反応や状態という意味と, 同じ状況の中でその後の行動を考えるという実践者の行動という 2 つの意味を織り込んでいる。

9）人間行動の厚い記述（thick description）はギアツが民族誌記述の方法として提示し社会科学のみならず新歴史主義など広範な学問分野で有力な方法論として盛んになった。文化というのは記号論であり, その研究は客観的科学とは違い, 記号の意味を探す解釈的なものであるとする。ただ起こった出来事や行動を記述するだけではなくて, どうしてそういった行動をするのか, その行動にどういう意味があるのかなどの文脈を社会的対話（discourse）の流れを含めてその文化の内側から「厚く」記述するということを意味する。

10）国立民族学博物館とは, 人間文化研究機構を構成する大学共同利用機関であり, 民族学・文化人類学を中心とした研究・博物館展示・博士課程の大学院教育を担当してきた研究所である。民俗学（Folklore）, 人類学に造詣が深かった日本民族学会の設立メンバーでもある渋沢敬三らによって戦前に提唱された国立民族学博物館構想を受け継ぎ, 1974 年に梅棹忠夫を初代館長として日本万国博覧会会場跡地に創設された。

11）民博で 1993 年に採択された共同研究「会社とサラリーマンの文化人類学的研究」において「経営人類学」という命名がなされた。宗教人類学者である中牧は, 共同研究を開始する以前から, 民俗学の観点から, 現代の「常民」としてのビジネスマンについて着目していた。「経営人類学」という名称自体は, それ以前に千葉大学村山元英を中心に国際経営文化学会を拠点に使用されていた。

12）筆者は, 東京都大田区の機械金属工業の民族誌を研究していた東京大学博士課程の大学院生であった 1996 年以降, この民博グループの共同研究にオブザーバー参加したのち, 1999−2009 年の間, 共同研究員として当該共同研究に参加した。

13）社葬は高度経済成長期に強化された,「社縁」を象徴する儀礼のひとつである。

14）「中小基本法, 見直し着手　生産性向上へ再編促進—企業淘汰の懸念も」（時事ドットコム, 2020 年 9 月 23 日）。

参考文献

Administrative Science Quarterly, 24（4）,（1979）, Special Issue "Qualitative Methodology".

Bester, T.（2004）, *Tsukiji: The Fish Market at the Center of the World*, University of California Press.（和波雅子・福岡伸一訳『築地』木楽舎, 2007 年。）

Caulkins, D. and Jordan, A.（eds.）（2012）, *A Companion to Organizational Anthropology*, Malden, Wiley–Blackwell.

Dalton, M.（1959）, *Men Who Manage*, John Wiley & Sons Inc.（高橋達男・栗山盛彦訳『伝統的管理論の終焉』産業能率短期大学出版部, 1969 年。）

Douglas, M.（ed.）（1982）, *Essays in the Sociology of Perception*, Routledge.

Denny, R. M. and Sunderland, P.（eds.）（2015）, *Handbook of Anthropology in Business*, Routledge.

Engström, Y.（1987）, *Learning by Expanding: An Activity-Theoretical Approach to Developmental Research*, Cambridge University Press.（山住勝広他訳『拡張による学習　完

訳増補版——発達研究への活動理論からのアプローチ——』新曜社，1999年。)

Evens, T. and Handelman, D. (2006), *The Manchester School*, Berghahn.

Foucault, M. (1963), *Naissance de la Clinique*, Presses Universitaires de France.（神谷美恵子訳『臨床医学の誕生』みすず書房，1969年。)

Grant, D., Hardy, C., Osweick, C. and Putnam, L. (eds.) (2004), *The Sage Handbook of Organizational Discourse*, Sage.（高橋正泰・清宮徹監訳『ハンドブック組織ディスコース研究』同文舘出版，2012年。)

Granovetter, M. (1985), "Economic Action and Social Structure: The Problem of Embeddedness," *American Journal of Sociology*, 91, pp. 481-510.

Geertz, C. (1977), *The Interpretation of Cultures*, Basic Books.（吉田禎吾・中牧弘允・柳川啓一・板橋作美訳『文化の解釈学〈1〉』岩波書店，1987年。)

Gellner, D. N. and Hirsch, E. (eds.) (2001), *Inside Organizations: Anthropologists at Work*, Berg Pub Ltd.

Glaser, B. and Strauss, A. (1967), *The Discovery of Grounded Theory: Strategies for Qualitative Research*, Sociology Press.（後藤隆・水野節夫・大出春江訳『データ対話型理論の発見——調査からいかに理論をうみだすか——』新曜社，1996年。)

Graebaer, D. (2015), *The Utopia of Rules: On Technology, Stupidity, and the Secret Joys of Bureaucracy*, Melville House.（酒井隆史訳『官僚制のユートピア——テクノロジー，構造的愚かさ，リベラリズムの鉄則——』以文社，2017年。)

Hann, C. and Hart, K. (2011), *Economic Anthropology*, Polity.（深田淳太郎・上村淳志訳『経済人類学　人間の経済に向けて』水声社，2017年。)

Hannan, M. and Freeman, J. (1977), "The Population Ecology of Organizations," *American Journal of Sociology*, 82, pp. 929-964.

Hasbrouck, J. (2017), *Ethnographic Thinking*, Routledge.

Hirsch, E. and Gellner, D. (2001), "Introduction: Ethnography of Organizations and Organizations of Ethnography," in Gellner, D. N. and Hirsch, E. (eds.), *Inside Organizations: Anthropologists at Work*, Berg Pub Ltd., pp. 1-15.

Holzberg, C. and Giovannini, M. (1981), "Anthropology and Industry," *Annual Review of Anthropology*, 10, pp. 317-360.

Johnson, G., Langley, A., Melin, L. and Whittington, R. (2007), *Strategy as Practice*, Cambridge University Press.（高橋正泰監訳『実践としての戦略』文眞堂，2012年。)

Jordan, A. (2012), *Business Anthropology*, 2nd ed., Long Grove, Ill: Waveland Press.

Jordan, A. and Caulkins, D. (2012), "Expanding the Field of Organizational Anthropology for the Twenty-First Century," in Caulkins, D. D. and Jordan, A. T. (eds.), *A Companion to Organizational Anthropology*, Wiley-Blackwell, pp. 1-23.

Kunda, G. (1992), *Engineering Culture: Control and Commitment in a High-tech Corporation*, Temple University Press.（樫村志保訳『洗脳するマネジメント——企業文化を操作せよ——』日経BP，2005年。)

Latour, B. and Woolgar, S. and Salk, J. (eds.) (1979), *Laboratory Life: the Social Construction of Scientific Facts*, Sage.（立石裕二・森下翔監訳『ラボラトリー・ライフ——科学的事実の構築——』ナカニシヤ出版，2021年。)

Law, J. and Hassard, J. (1999), *Actor Network Theory and After*, Blackwell.

Lazonick, W. (1990), *Competitive Advantage on the Shop Floor*, Harvard University Press.

Mayo, G. E. (1933), *The Human Problems of an Industrial Civilization*, Macmillan.（村本榮一訳

『産業文明における人間問題』日本能率協会，1951 年。)

Meyer, J. and Rowan, B. (1977), "Institutionalized Organizations: Formal Structure as Myth and Ceremony," *American Journal of Sociology*, 83 (2), pp. 340-363.

Moeran, B. (2005), *The Business of Ethnography Strategic Exchanges, People and Organizations*, Routledge.

Moore, D. G. (1988), "Industrial Anthropology: Conditions of Revival," *City & Society*, 2 (1), pp. 5-18.

Nakamaki, H. (ed.) (2002), "The Culture of Association and Associations in Contemporary Japanese Society," *Senri Ethnological Studies*, No. 62, National Museum of Ethnology.

Nakamaki, H. et al. (eds.) (2015), *Enterprise as an Instrument of Civilization: An Anthropological Approach to Business Administration*, Springer.

Nakamaki, H. et al. (eds.) (2019), *Enterprise as a Carrier of Culture: An Anthropological Approach to Business Administration*, Springer. (中谷文美・宇田川妙子編『仕事の人類学』世界思想社，2016 年。)

Roethlisberger, F. J. and Dickson, W. J. (1939), *Management and the Worker*, Harvard University Press. (雲嶋良雄訳『経営と労働者』日本評論社，1950 年。)

Roy, D. (1952), "Quota Restriction and Goldbricking in a Machine Shop," *American Journal of Sociology*, 57, pp. 427-514.

Schein, H. (1985), *Organizational Culture and Leadership*, Jossey-Bass. (清水紀彦・浜田幸雄訳『組織文化とリーダーシップ——リーダーは文化をどう変革するか——』ダイヤモンド社，1989 年。)

Schön, D. (1984), *The Reflective Practitioner: How Professionals Think in Action*, Basic Books.

Schwartzman, H. (1993), *Ethnography in Organizations*, Sage.

Sunagawa, K. (2007), "Bricolaging Fordism: The Arts & Crafts of Custom Cars," JAWS (Japan Anthropology Workshop) 2007 18th Conference, Oslo (Conference report paper).

Sunagawa, K. (2008), "The Logic of Creative Consumption as the Aftermarket Production: An Ethnographic Study of Car Customizing Mechanism in Suburban Tokyo," Anthropology of Japan in Japan (AJJ), Osaka, Fall Meeting (Conference report paper).

Sunagawa, K. (2009a), "Logic of Creative Consumption: The Mechanism of Aftermarket Production on Car Customizing," The 2009 Workshop at Hong Kong University on "Consumers, Marketplaces and Urban Creativity: Place-Bound and Global Dynamics of Value Transformations.

Sunagawa, K. (2009b), "Global Strategy of Japanese Local Railway Co. Ltd. on Making Itself a Heritage Museum: Industrial Tourism at Oigawa Railway Co. Ltd.," The 16th World Congress of IUAES, Kunming (Conference report paper).

Tian, R., van Marrewijk, A. and Lillis, M. (eds.) (2013), *General Business Anthropology*, 2nd ed., North American Business Press.

Van Maanen, J. (2001), "Afterword: Some Notes on the Ethnography of Organizations," in Gellner, D. N. and Hirsch, E. (eds.), *Inside Organizations: Anthropologists at Work*, Berg, pp. 233-261.

Whyte, W. (1944), *Street Corner Society*, University of Chicago Press. (奥田道代・有里典三訳『ストリート・コーナー・ソサイエティ』有斐閣，2000 年。)

Whyte, W. (1987), "From Human relations to Organizational Behavior," *Industrial and Labor Relations Review*, 40, pp. 487-500.

Wright, S. (ed.) (1994), *Anthropology of Organizations*, Routledge.

伊藤泰信 (2012),「別様でもありえた学, 別様でもありうる学——作動中の人類学をめぐる試論——」伊藤泰信他編『共在の論理と倫理——家族・民・まなざしの人類学——』はる書房, 377-398 頁。

伊藤泰信 (2017),「エスノグラフィを実践することの可能性——文化人類学の視角と方法論を実務に活かす——」『組織科学』第 51 巻第 1 号。

金井壽宏 (1994),『企業者ネットワーキングの世界——MIT とボストン近辺の企業者コミュニティの探求——』白桃書房。

金井壽宏他 (2010),『組織エスノグラフィー』有斐閣。

藏本龍介 (2019),「組織の人類学に向けて」『南山大学人類学研究所研究論集』6。

佐藤郁哉 (1999),『現代演劇のフィールドワーク　芸術生産の文化社会学』東京大学出版会。

佐藤郁哉 (2010),「組織エスノグラフィーの源流」金井壽宏他編『組織エスノグラフィー』有斐閣, 59-94 頁。

佐藤郁哉・山田真茂留 (2004),『制度と文化——組織を動かす見えない力——』日本経済新聞社。

島本実 (2014),『計画の創発——サンシャイン計画と太陽光発電——』白桃書房。

砂川和範 (2001),「状況的認知の視座からみた組織学習」『情報科学研究』第 72 巻第 10 号, 62-82 頁。

砂川和範 (2007),「中小工業史にみる『経営理念』と『仕事倫理』——ライフ・ヒストリー技法の実践成果を読む探究——」PHP (松下資料館) 第 8 回経営理念継承研究会。

砂川和範 (2008),「実学的思考の系譜と近代科学——経営学の事例——」経営学史学会第 16 回全国大会自由論題報告。

砂川和範 (2012),「ライフ・ヒストリー技法の実践からみた中小企業家の世界」『商学論纂』第 53 巻第 5 号。

砂川和範 (2020),「方法としての企業家研究——オーラル・ヒストリーの技法が可能とする分析課題——」『商学論纂』第 62 巻第 5・6 号。

住原則也・三井泉・渡邊祐介編 (2008),『経営理念——継承と伝播の経営人類学的研究——』PHP 研究所。

テット, ジリアン著／土方奈美訳 (2016),『サイロ・エフェクト　高度専門化社会の罠』文藝春秋社。

テット, ジリアン著／土方奈美訳 (2022),『アンソロ・ビジョン　人類学的思考でみるビジネスと世界』日本経済新聞出版。

床呂郁哉編 (2015),『人はなぜフィールドに行くのか』東京外国語大学出版会。

中谷文美他編 (2016),『仕事の人類学——労働中心主義の向こうへ——』世界思想社。

中牧弘允編 (1999),『社葬の経営人類学』東方出版。

中牧弘允他 (2001),『会社じんるい学』東方出版。

中牧弘允他 (2003),『会社じんるい学〈Part2〉』東方出版。

中牧弘允 (2006),『会社のカミ・ホトケ——経営と宗教の人類学—』講談社。

中牧弘允・日置弘一郎編 (1997),『経営人類学ことはじめ——会社とサラリーマン——』東方出版。

中牧弘允・日置弘一郎編 (2003),『企業博物館の経営人類学』東方出版。

中牧弘允・日置弘一郎編 (2007),『会社文化のグローバル化——経営人類学的考察——』東方出版。

中牧弘允・日置弘一郎編 (2009),『会社のなかの宗教——経営人類学の視点——』東方出版。

中牧弘允・日置弘一郎・竹内惠行編 (2019),『テキスト経営人類学』東方出版。

沼上幹 (1999),『液晶ディスプレイの技術革新史——行為連鎖システムとしての技術——』白桃書房。

ハッチ, M. 他 (2017),『Hatch 組織論』同文館出版。

日置弘一郎（1994），『文明の装置としての企業』有斐閣。

日置弘一郎（2000），『経営学原理』エコノミスト社。

日置弘一郎（2002），『市場の逆襲』大修館書店。

日置弘一郎・中牧弘允編（2012），『会社神話の経営人類学』東方出版。

平井京之助（1998）「企業の人類学的研究──疎外インフォーマルシステムジェンダー──」『社会人類学年報』24巻。

福島真人（2017），『真理の工場──科学技術の社会的研究──』東京大学出版会。

ポランニー，カール著／玉野井芳郎他訳（2003），『経済の文明史』筑摩書房。

松田素二他編（2002），『エスノグラフィー・ガイドブック──現代世界を複眼でみる──』嵯峨野書院。

三井泉編（2013），『アジア企業の経営理念──生成・伝播・継承のダイナミズム──』文眞堂。

箕浦康子（2009），『フィールドワークの技法と実際Ⅱ──分析・解釈編──』ミネルヴァ書房。

ラトゥール，ブリュノ著／伊藤嘉高訳（2019），『社会的なものを組み直す──アクターネットワーク理論入門──』法政大学出版局。

第 V 部
文　　献

ここに掲載の文献一覧は，第Ⅱ部の統一論題論文執筆者
が各自のテーマの基本文献としてリストアップしたもの
を，年報編集委員会の責任において集約したものである。

1 数値化する世界——経営学小考——

外国語文献

1 Ball, P. (2019), *How to Grow a Human: Adventures in Who We Are and How We Are Made*, William Collins.（桐谷知未訳『人口培養された脳は「誰」なのか』原書房，2020 年。）

2 Kocka, J. (2017), *Geschichte des Kapitalismus*, 3. Überarbeite Aufl, C.H.Bec.（山井敏章訳『資本主義の歴史』人文書院，2018 年。）

3 Rey, O. (2016), *Quand le monde s'est fait nombre*, Stock.（池畑奈央子監訳／原俊彦監修『統計の歴史』原書房，2020 年。）

4 Weber, M. (1919), Wissenschaft als Beruf, *Kröners. Taschenbuchausgabe; Band 233*, ALFRED KRÖNER VERLAG, STUTTGART.

5 Weber, M. (1924), *Wirtschaftsgeschichte Abriss der universalen. Sozial und Wirtschaftsgeschichte*, aus den nachgelassenen Vorlesungen herausgegeben von Prof. S. Hellmann und Dr. M. Palyi, 2te Auflage, Müchen und Leipzig.（黒正厳・青山秀夫訳『一般社会経済史要論（上・下巻)』岩波書店，1954 年。）

6 Weber, M. (1972), Soziologische Grundkategorien des Wirtschaftens. in: *Wirschaft und Gesellschaft*, 5te Aufl., herausgegeben v. Johannes Winckelmann, Tübingen: J.C.B.Mohr.（富永健一訳「経済行為の社会学的基礎範疇」尾高邦雄責任編集『世界の名著 50』中央公論社, 1975 年。）

日本語文献

1 新井紀子 (2018)，『AI vs. 教科書が読めない子どもたち』東洋経済新報社。

2 今野元 (2020)，『マックス・ヴェーバー——主体的人間の悲喜劇——』岩波書店。

3 尾高邦雄 (1975)，「マックス・ウェーバー」尾高邦雄責任編集『世界の名著50』中央公論社。

4 風間信隆編著 (2021)，『合理性から読み解く経営学（経営学史叢書第Ⅱ期 第4巻 合理性)』文眞堂。

5 上林憲雄編著 (2021)，『人間と経営——私たちはどこへ向かうのか——（経営学史叢書第Ⅱ期 第3巻 人間性)』文眞堂。

6 小林亮太・篠本滋著／甘利俊一監修 (2022)，『AI新世　人工知能と人類の行

方』文藝春秋。

7　野家啓一 (2015)，『科学哲学への招待』筑摩書房。

8　野口雅弘 (2020)，『マックス・ウェーバー──近代と格闘した思想家──』中央公論新社。

9　村上陽一郎 (2021)，『科学史・科学哲学入門』講談社。

10　吉田洋一・赤攝也 (2013)，『数学序説』筑摩書房。

11　渡辺敏雄編著 (2021)，『社会の中の企業（経営学史叢書第Ⅱ期 第6巻 社会性)』文眞堂。

2　対話的経営学史の試み

外国語文献

1　Argyris, C. (1993), *Knowledge for Action*, Jossey-Bass.

2　Coghlan, D. and Brannick, T. (2014), *Doing Action Research in Your Own Organization*, 4th ed., Sage Publication.（永田素彦・高瀬進・川村尚也監訳『実践アクションリサーチ──自分自身の組織を変える──』碩学社，2021年。)

3　Ginzburg, C. (2000), *Rapporti di Forza: storia, retorica, prova*, Giangiacomo Feltrinelli Editore.（上村忠男訳『歴史・レトリック・立証』みすず書房，2001年。)

4　Lakatos, I. (1978), *The Methodology of Scientific Research Programmes*, Cambridge University Press.（村上陽一郎ほか訳『方法の擁護──科学的研究プログラムの方法論──』新曜社，1986年。)

5　Merton, R. K. (1968), *Social Theory and Social Structure*, Free Press.（森東吾他訳『社会理論と社会構造』みすず書房，1961年。)

日本語文献

1　池内信行 (1949a)，『経営経済学史』理想社（増補版1955年）。

2　池内信行 (1949b)，『社会科学方法論』理想社。

3　池上俊一 (2022)，『歴史学の作法』東京大学出版会。

4　石原武政 (2007)，『「論理的」思考のすすめ──感覚に導かれる論理──』有斐閣。

5　経営学史学会編 (2017)，『経営学史研究の興亡（経営学史学会年報 第24輯)』文眞堂。

6　経営学史学会編（2018），『経営学史研究の挑戦（経営学史学会年報　第25輯）』文眞堂。

7　田中照純（1998），『経営学の方法と歴史』ミネルヴァ書房。

8　永田誠（1999），『現代経営経済学史（改訂版）』森山書店（初版1995年）。

9　矢守克也（2010），『アクションリサーチ――実践する人間科学――』新曜社。

10　矢守克也（2018），『アクションリサーチ・イン・アクション――共同当事者・時間・データ――』新曜社。

3　プリズムとしての「組織の倫理」

外国語文献

1　Carter, C., Clegg, S., Kornberger, M., Laske, S. and Messner. M, (2007), *Business Ethics as Practice: Representation, Reflexivity and Performance*, Edward Elgar Publishing.

2　Gergen, K. J. (1999), *An Invitation to Social Construction*, SAGE Publications.（東村知子訳『あなたへの社会構成主義』ナカニシヤ出版，2004年。）

3　Jones, C., Parker, M. and ten Bos, R. (2005), *For Business Ethics: A Critical Text*, Routledge.

4　Parker, M. (eds.) (1998), *Ethics & Organizations*, SAGE Publications.

5　Weick, K. E. (1995), *Sensemaking in Organizations*, SAGE Pubilications.（遠田雄志・西本直人訳『センスメーキング・イン・オーガニゼーションズ』文眞堂，2001年。）

6　Willmott, H. and Alvesson, M. (eds.) (2003), *Studying Management Critically*, SAGE Publications.

日本語文献

1　梅津光弘（2002），『ビジネスの倫理学〈現代社会の倫理を考える〉第3巻』丸善株式会社。

2　鈴木辰治・角野信夫編著（2000），『企業倫理の経営学』ミネルヴァ書房。

3　高巌（2013），『ビジネスエシックス［企業倫理］』日本経済新聞出版。

4　中村瑞穂編著（2003），『企業倫理と企業統治――国際比較――』文眞堂。

4　仕事のデザインと経営学

外国語文献

1　Cohen, L. E., Burton, M. D. and Lounsbury, M. (eds.) (2016), *The Structuring of Work in Organizations*, Emerald.

2　Hackman, R. J. and Oldham, G. R. (1980), *Work Redesign*, Addison-Wesley.

3　Herzberg, F., Mausner, B. and Snyderman, B. B. (1959), *The Motivation to Work*, Wiley.

4　Karasek, R. and Theorell, T. (1990), *Healthy Work: Stress, Productivity, and the Reconstruction of Working Life*, Basic Books.

5　Parker, S. K. and Wall, T. D. (1998), *Job and Work Design: Organizing Work to Promote Well-Being and Effectiveness*, Sage.

6　Taylor, F. W. (1911), *The Principles of Scientific Management*, W.W. Norton.（上野陽一郎訳編『科学的管理法』産業能率短期大学出版部，1969 年。）

日本語文献

1　赤岡功（1989），『作業組織再編成の新理論』千倉書房。

2　鈴木竜太（2013），『関わりあう職場のマネジメント』有斐閣。

3　田尾雅夫（1987），『仕事の革新』白桃書房。

4　高尾義明・森永雄太編著（2023），『ジョブ・クラフティング──仕事の自律的再創造に向けた理論的・実践的アプローチ──』白桃書房。

5　筈井俊輔（2020），『なぜ特異な仕事は生まれるのか？──批判的実在論からのアプローチ──』京都大学学術出版会。

5　組織行動研究におけるリサーチ・プラクティス問題
　　──学説史的な検討──

外国語文献

1　Jaques, E. (1956), *The Measurement of Responsibility*, Tavistock.（北野利信訳『責任の測定──公正な仕事，給与，個人能力を客観的に測定する研究──』評論社，1968 年。）

2　Jaques, E. (1961), *Equitable Payment*, Heinemann.（北野利信訳『公正な給与

　　　　──仕事，給与，能力の均衡理論──』ダイヤモンド社，1974 年。）

3　Kets de Vries, M. and Miller, D. (1984), *The Neurotic Organization: Diagnosing and Changing Counterproductive Styles of Management*, San Fransisco: Jossey-Bass.（渡辺直登訳『神経症組織──病める企業の診断と再生──』亀田ブックサービス，1995 年。）

4　Levinson, H., Price, C. R., Munden, K. J., Mandl, H. J. and Solley, C. M. (1961), *Men, Management, and Mental Health*, Harvard University Press.

5　Likert, R. (1961), *New Patterns of Management*, McGrow-Hill.（三隅二不二訳『経営の行動科学──新しいマネジメントの探究──』ダイヤモンド社，1964 年。）

6　Likert, R. (1967), *The Human Organization: Its Management and Value*, McGrow-Hill.（三隅二不二訳『組織の行動科学──ヒューマン・オーガニゼーションの管理と価値──』ダイヤモンド社，1968 年。）

7　Mayo, E, (1933), *The Human Problems of an Industrial Civilization*, Macmillan.（村本栄一訳『産業文明における人間問題』日本能率協会，1967 年。）

8　Rousseau, D. M. (ed.) (2012), *The Oxford Handbook of Evidence-based Management*, Oxford University Press.

日本語文献

1　大橋昭一・竹林浩志（2008），『ホーソン実験の研究』同文館出版。
2　金井壽宏・高橋潔（2004），『組織行動の考え方──ひとを活かし組織力を高める 9 つのキーコンセプト──』東洋経済新報社。
3　岸田民樹・田中政光（2009），『経営学説史』有斐閣アルマ。
4　北野利信（1977），『経営学説入門』有斐閣新書。
5　サトウタツヤ（2021），『臨床心理学史』東京大学出版会。
6　寺田浩文（1996），『イギリス経営学説史の探究──グレーシャー計画とブラウン＝ジャックス理論──』中央経済社。
7　中原淳・中村和彦（2018），『組織開発の探究』ダイヤモンド社。
8　服部泰宏（2020），『組織行動論の考え方・使い方──良質のエビデンスを手にするために──』有斐閣。

第Ⅵ部

資　　料

経営学史学会第30回全国大会実行委員長の挨拶

勝　部　伸　夫

　経営学史学会第30回大会は，2022年5月27日（金）から29日（日）の日程で，専修大学（神田）を大会本部校として開催されました。今回の大会は，経営学史学会にとっては第30回という一つの節目となる記念の大会であり，専修大学でお引き受け出来たことは大変光栄なことでした。可能であれば対面で開催したいところでしたが，コロナ禍での大会となったため，昨年に引続きオンラインでの開催となりました。対面であれば懇親会などを通じた会員の皆様との交流の場も設けられたはずですが，それが叶わなかったことは，開催校としては少し残念でした。

　さて，今大会の統一論題は「多面体としての経営学」が掲げられました。経営学はすでに120年を超える歴史を持ちますが，その学問的方法や課題は一定の方向に収斂するどころか，むしろますます多様化し問題は拡散していっています。そうした中で，いくつもある「面」としての経営学の可能性を問うてみようというのが今大会のテーマです。統一論題は初日に，松田健会員による基調報告が行われ，それに続いて山縣正幸会員，間嶋崇会員，高尾義明会員，服部泰宏会員による報告が行われました。各報告は学史研究，経営倫理，ワークデザイン，組織行動研究といったそれぞれの関心領域に焦点を当てながら，そこでの問題と今後の発展の可能性が語られました。最後に，すべての報告者が一堂に会してのシンポジウムが行われました。

　2日目には6本の自由論題報告が行われ，続いて「学史研究と実証研究の対話」というタイトルでワークショップが開催されました。学史学会の大会でワークショップが開催されたのは今回が初めてであり，ファシリテーターの上林憲雄会員の進行で，庭本佳子会員，磯村和人会員，貴島耕平会員の3名の報告を中心に議論が行われました。実証研究との対話というテーマは学史学会が直視せざるをえない課題の一つでもあり，非常に興味深い議論を聞くことが出来ました。

　ところでオンラインでの大会開催は対面の場合とはまた違う難しさがありましたが，何とか最後までトラブルなく終えられたのは幸いでした。特に今大会では，前回の開催校である駒澤大学からオンライン大会のノウハウや資料等を提供して頂いた上に，松田健会員には実行委員として準備段階から当日の運営に至るまで，多大なご支援を賜りました。こうしたお力添えなしには大会の開催と円滑な運営は覚束なかったと思います。この場をお借りまして心より御礼申し上げます。この他にも大会の開催に向けて学会事務局，バックアップ校，あるいは何人かの会員の皆様には直接間接に多くのご支援を頂きました。心より御礼申し上げます。有難うございました。

第30回大会を振り返って

貴　島　耕　平

　経営学史学会第30回全国大会は，2022年5月27日（金）から29日（日）にかけて，専修大学を本部としてオンラインにて開催された。

　今大会の統一論題のテーマは，「多面体としての経営学」である。このテーマは，経営学の様々な側面に光を当て，それぞれの可能性について検討するために設定された。そのため，今大会の統一論題では，特定の理論や概念を集中的に議論するのではなく，経営学の様々な特徴（研究対象や理論的射程，実践との関わり等）が議論された。

　基調報告では，駒澤大学の松田健会員より，科学技術の進歩に伴い，あらゆることが「数値化される」世界と経営学の関わりについての報告がなされた。続く統一論題では，4つの報告と質疑応答を含む討論が行われた。第一報告では，近畿大学の山縣正幸会員から，「実践と理論」を繋ぐ研究の在り方について，学史研究の立場から，「臨床的／対話的アプローチ」という提案がなされた。次に，第二報告では，専修大学の間嶋崇会員から，経営現象の複雑化に伴い「組織の倫理」が多様化したことで，倫理の研究も多様なアプローチを必要としていることが報告された。第三報告では，東京都立大学の高尾義明会員から，「仕事のデザイン」に関する経営学の研究や実践との関わりについて報告がなされた。最後に，第四報告では，神戸大学の服部泰宏会員より，組織行動研究の立場から，「経営学における臨床問題」についての報告がなされた。

　自由論題報告では，3会場にて，計6名の報告がなされた。いずれの報告も，学史研究の立場から，様々なテーマに対する検討が行われ，報告者とフロアとの活発な質疑応答が行われた。

　また，今大会では，「学史研究と実証研究の対話」をテーマとするワークショップが開催され，神戸大学の上林憲雄会員のファシリテーションの下で，神戸大学の庭本佳子会員，関西学院大学の貴島耕平会員，中央大学の磯

村和人会員が報告を行った。報告の後の質疑応答では，本学会の会員数の減少や学史研究に対する注目の薄まりといった問題意識を共有しつつ，学史研究の今後の方向性について，フロアを交えた活発な議論が行われた。

　会員総会では，2022年度の経営学史学会の活動計画と収支予算案が説明され，承認された。また，2021年度経営学史学会賞について審査委員長の岩田浩会員から説明があり，杉田博会員著『フォレットの解釈学的経営思想』（文眞堂，2021）と，高橋公夫会員著『経営学史と現代──新たな〈断絶の時代〉──』（文眞堂，2021）に，学会賞（著書部門）が授与されることが報告された。また，次回31回全国大会は，龍谷大学が主催校となり，オンライン開催になることも報告された。

　大会実行委員長の勝部伸夫会員をはじめ，様々な方々の周到な準備とご配慮もあり，オンライン上でも問題なく大会が運営されたことに，心より御礼申し上げます。

　なお，第30回全国大会のプログラムは次の通りである。

　　　2022年5月28日（土）
【開会・基調報告】（ZOOM 1）
　　10：30～11：05　開会の辞：第30回全国大会実行委員長　勝部伸夫（専
　　　　　　　　　　　　　　修大学）
　　　　　　　　　　基調報告：松田　健（駒澤大学）
　　　　　　　　　　論　　題：「数値化する世界：経営学小考」
　　　　　　　　　　司会者：藤井一弘（青森公立大学・経営学史学会理事長）

【統一論題】（ZOOM 1：報告30分，討論20分，質疑応答10分）
　　　　　　　　　　司会者：西村香織（九州産業大学）
　　11：10～12：10　第一報告
　　　　　　　　　　報告者：山縣正幸（近畿大学）
　　　　　　　　　　論　　題：「実践の視座と理論の視座をつなぐ：経営学史
　　　　　　　　　　　　　　　の再定義の試み」
　　　　　　　　　　討論者：梶脇裕二（龍谷大学）

12：10〜13：10　第二報告

　　　　　　　　報告者：間嶋　崇（専修大学）

　　　　　　　　論　題：「プリズムとしての『組織の倫理』」

　　　　　　　　討論者：柴田　明（日本大学）

　　　　　　　　司会者：河辺　純（大阪商業大学）

14：00〜15：00　第三報告

　　　　　　　　報告者：高尾義明（東京都立大学）

　　　　　　　　論　題：「仕事のデザインと経営学」

　　　　　　　　討論者：浦野充洋（関西学院大学）

15：00〜16：00　第四報告

　　　　　　　　報告者：服部泰宏（神戸大学）

　　　　　　　　論　題：「経営学における臨床問題：組織行動研究の学
　　　　　　　　　　　　　説史的な検討から」

　　　　　　　　討論者：福本俊樹（同志社大学）

【統一論題シンポジウム】

　16：10〜17：20　司会者：西村香織（九州産業大学）

　　　　　　　　　　　　　河辺　純（大阪商業大学）

　　　　　　　　　報告者：山縣正幸（近畿大学）

　　　　　　　　　　　　　間嶋　崇（専修大学）

　　　　　　　　　　　　　高尾義明（東京都立大学）

　　　　　　　　　　　　　服部泰宏（神戸大学）

【会員総会】（ZOOM 1）

　17：25〜18：25

　　　　2022 年 5 月 29 日（日）

【自由論題】（報告 25 分，質疑応答 30 分）

A 会場（ZOOM 2）

　10：00〜10：55　報告者：村田康常（名古屋柳城女子大学）

　　　　　　　　「有機体の哲学と人間協働——文明社会の転換期におけ
　　　　　　　　　る知の冒険——」
　　　　　　　　チェアパーソン：藤沼　司（青森公立大学）
　11：00〜11：55　報告者：村山元理（駒澤大学）
　　　　　　　　「ステークホルダーとしての神——天理教の経営観——」
　　　　　　　　チェアパーソン：辻村宏和（中部大学）

B 会場（ZOOM 3）
　10：00〜10：55　報告者：春日　賢（北海学園大学）
　　　　　　　　「ドラッカーと企業——企業観の変遷をめぐって——」
　　　　　　　　チェアパーソン：井坂康志（ものつくり大学）
　11：00〜11：55　報告者：山下　剛（北九州市立大学）
　　　　　　　　「〈見える化〉の多面性——その経営学への示唆——」
　　　　　　　　チェアパーソン：杉田　博（石巻専修大学）

C 会場（ZOOM 4）
　10：00〜10：55　報告者：廣田俊郎（関西大学）
　　　　　　　　「組織の基本側面考察に基づく組織諸理論位置づけと
　　　　　　　　　組織進化論枠組みの検討」
　　　　　　　　チェアパーソン：松嶋　登（神戸大学）
　11：00〜11：55　報告者：砂川和範（中央大学）
　　　　　　　　「経営学史における人類学的な組織研究の系譜と展開」
　　　　　　　　チェアパーソン：宇田川元一（埼玉大学）

【ワークショップ】（ZOOM 1）
　13：00〜15：30　テーマ「学史研究と実証研究の対話」
　　　　　　　　ファシリテーター：上林憲雄（神戸大学）
　　　　　　　　　　　報告者：庭本佳子（神戸大学）
　　　　　　　　　　　報告者：磯村和人（中央大学）
　　　　　　　　　　　報告者：貴島耕平（関西学院大学）

【大会総括・閉会】（ZOOM 1）

15：35〜15：55　大会総括：経営学史学会理事長　藤井一弘（青森公立大学）

閉会の辞：第 30 回全国大会実行委員長　勝部伸夫（専修大学）

164

執筆者紹介（執筆順，肩書には大会後の変化が反映されている）

まつ　だ　　　たけし
松　田　　　健　（駒澤大学経済学部教授）

　　　主著『実践に学ぶ経営学』（共編著），文眞堂，2018 年
　　　主要論文「ドイツ企業のトップ・マネジメント層におけるダイバーシティ」『明大商
　　　　　　学論叢』第 104 巻第 3 号，2022 年

やま　がた　まさ　ゆき
山　縣　正　幸　（近畿大学経営学部教授）

　　　主著『企業発展の経営学──現代ドイツ企業管理論の展開──』千倉書房，2007
　　　　　年
　　　主要論文「ステイクホルダー型企業理論としてのニックリッシュ・モデル──その現
　　　　　　代的意義と可能性──」『日本経営学会誌』第 36 号，2015 年

ま　じま　　　たかし
間　嶋　　　崇　（専修大学経営学部教授）

　　　主著『組織不祥事』文眞堂，2007 年
　　　主要論文「生成する組織の倫理：ナラティヴが切り拓く新たな視点」（共著），『経営
　　　　　　哲学』第 12 巻第 2 号，2015 年

たか　お　よし　あき
高　尾　義　明　（東京都立大学大学院経営学研究科教授）

　　　主著『ジョブ・クラフティング──仕事の自律的再創造に向けた理論的・実践的
　　　　　アプローチ──』（共編著）白桃書房，2023 年
　　　主要論文「個人・組織の創造性からシステム創造性へ」経営学史学会監修・桑田耕
　　　　　　太郎編著『経営学史叢書第Ⅱ期第 7 巻 創造性　創造する経営学』文眞堂，
　　　　　　2023 年

はっ　とり　やす　ひろ
服　部　泰　宏　（神戸大学大学院経営学研究科教授）

　　　主著『組織行動論の考え方・使い方──良質のエビデンスを手にするために──』
　　　　　有斐閣，2020 年
　　　主要論文 "The Effect of Organizational Sales Management on Dealership Performance,"
　　　　　　International Journal of Automotive Technology and Management, Vol. 23,
　　　　　　No. 2, 2023

かん　ばやし　のり　お
上　林　憲　雄　（神戸大学大学院経営学研究科教授）

　　　主著『SDGs の経営学──経営問題の解決へ向けて──』（共編著）千倉書房，2022
　　　　　年
　　　　　『経営学史叢書第Ⅱ期第 3 巻 人間性　人間と経営──私たちはどこへ向かう
　　　　　のか──』経営学史学会監修・上林憲雄編著，文眞堂，2021 年

庭 本 佳 子　（神戸大学大学院経営学研究科准教授）

主著『経営組織入門』（共編著）文眞堂，2020 年

主要論文「経営戦略論から見る知的熟練の意義」『日本労務学会誌』第 23 巻 1 号，2022 年，16-23 頁

貴 島 耕 平　（関西学院大学商学部助教）

主要論文「企業内労働社会の合理化と民主化」経営学史学会監修・渡辺敏雄編著『経営学史叢書第Ⅱ期第 6 巻 社会性　社会の中の企業』文眞堂，2021 年

「ワーク・モチベーション研究の再検討」経営学史学会編『経営学の『概念』を問う──現代的課題への学史からの挑戦──（経営学史学会年報第 27 輯）』文眞堂，2020 年

磯 村 和 人　（中央大学理工学部教授）

主著 *Management Theory by Chester Barnard: An Introduction*, Springer, 2021

Translating and Incorporating American Management Thought into Japan: Impacts on Academics and Practices of Business Administration（共編著），Springer, 2022

村 田 康 常　（名古屋柳城女子大学教授）

主著 *Heidegger and Whitehead: A Study of Emotional Intellect*, ハーベスト社，2001 年

主要論文「実在に直面させる経験論としてのホワイトヘッド哲学──価値ある事実の具体性に迫る思弁のリアリティ──」日本ホワイトヘッド・プロセス学会編『プロセス思想』第 21 号，2022 年

山 下 　 剛　（北九州市立大学教授）

主著『マズローと経営学──機能性と人間性の統合を求めて──』文眞堂，2019 年

『経営学の視点から捉えるアクティブラーニング──社会の諸問題に対応する学修に向けて──』（共著），九州大学出版会，2023 年

砂 川 和 範　（中央大学商学部准教授）

主要論文「社会・経済システムの中の多様性と分断」高瀬武典・八巻恵子・砂川和範・小山友介・德安彰・出口竜也『社会・経済システム』第 39 号，2020 年

「方法としての企業家研究──オーラル・ヒストリーの技法が可能とする分析課題──」『商学論纂』第 62 巻第 5・6 号，2020 年

経営学史学会年報掲載論文（自由論題）審査規定

1　本審査規定は本学会の年次大会での自由論題報告を条件にした論文原稿を対象
とする。

2　編集委員会による形式審査

　原稿が著しく規定に反している場合，編集委員会の責任において却下すること
ができる。

3　査読委員の選定

　査読委員は，原稿の内容から判断して適当と思われる会員2名に地域的バラン
スも考慮して，編集委員会が委嘱する。なお，大会当日の当該報告のチェアパー
ソンには査読委員を委嘱しない。また会員に適切な査読委員を得られない場合，
会員外に査読委員を委嘱することができる。なお，原稿執筆者と特別な関係にあ
る者（たとえば指導教授，同門生，同僚）には，査読委員を委嘱できない。

　なお，査読委員は執筆者に対して匿名とし，執筆者との対応はすべて編集委員
会が行う。

4　編集委員会への査読結果の報告

　査読委員は，論文入手後速やかに査読を行い，その結果を30日以内に所定
の「査読結果報告書」に記入し，編集委員会に査読結果を報告しなければならな
い。なお，報告書における「論文掲載の適否」は，次のように区分する。

①**適**：掲載可とするもの。

②**条件付き適**：条件付きで掲載可とするもの。査読委員のコメントを執筆者に返
　送し，再検討および修正を要請する。再提出された原稿の修正確認は編集委員
　会が行う。

③**再査読**：再査読を要するもの。査読委員のコメントを執筆者に返送し，再検討
　および修正を要請する。再提出された原稿は査読委員が再査読し，判断する。

④**不適**：掲載不可とするもの。ただし，他の1名の評価が上記①〜③の場合，査
　読委員のコメントを執筆者に返送し，再検討および修正を要請する。再提出さ
　れた原稿は査読委員が再査読し，判断する。

　なお，再査読後の評価は「適（条件付きの場合も含む）」と「不適」の2つ

とする。また，再査読後の評価が「不適」の場合，編集委員会の最終評価は，「掲載可」「掲載不可」の2つとするが，再査読論文に対して若干の修正を条件に「掲載可」とすることもある。その場合の最終判断は編集委員会が行う。

5　原稿の採否

編集委員会は，査読報告に基づいて，原稿の採否を以下のようなルールに従って決定する。

①査読委員が2名とも「適」の場合は，掲載を可とする。

②査読委員1名が「適」で，他の1名が「条件付き適」の場合は，修正原稿を編集委員会が確認した後，掲載を可とする。

③査読委員1名が「適」で，他の1名が「再査読」の場合は，後者に修正原稿を再査読するよう要請する。その結果が「適（条件付きの場合を含む）」の場合は，編集委員会が確認した後，掲載を可とする。「不適」の場合は，当該査読委員がそのコメントを編集委員会に提出し，編集委員会が最終判断を行う。

④査読委員が2名とも「条件付き適」の場合は，修正原稿を編集委員会が確認した後，掲載を可とする。

⑤査読委員1名が「条件付き適」で，他の1名が「再査読」の場合は，後者に修正原稿を再査読するよう要請する。その結果が「適（条件付きの場合を含む）」の場合は，編集委員会が前者の修正点を含め確認した後，掲載を可とする。「不適」の場合は，当該査読委員がそのコメントを編集委員会に提出し，編集委員会が最終判断を行う。

⑥査読委員が2名とも「再査読」の場合は，両者に修正原稿を再査読するよう要請する。その結果が2名とも「適（条件付きの場合を含む）」の場合は，編集委員会が確認した後，掲載を可とする。1名あるいは2名とも「不適」の場合は，当該査読委員がそのコメントを編集委員会に提出し，編集委員会が最終判断を行う。

⑦査読委員1名が「条件付き適」で，他の1名が「不適」の場合は，後者に修正原稿を再査読するよう要請する。その結果が「適（条件付きの場合を含む）」の場合は，編集委員会が前者の修正点を含め確認した後，掲載を可とする。「不適」の場合は，当該査読委員がそのコメントを編集委員会に提出し，編集委員会が最終判断を行う。

⑧査読委員1名が「再査読」で，他の1名が「不適」の場合は，両者に修正原稿を再査読するよう要請する。その結果が2名とも「適（条件付きの場合を

含む）」の場合は，編集委員会が確認した後，掲載を可とする。1名あるいは2名とも「不適」の場合は，当該査読委員がそのコメントを編集委員会に提出し，編集委員会が最終判断を行う。

⑨査読委員1名が「適」で，他の1名が「不適」の場合は，後者に修正原稿を再査読するよう要請する。その結果が「適（条件付きの場合を含む）」の場合は，編集委員会が確認した後，掲載を可とする。「不適」の場合は，当該査読委員がそのコメントを編集委員会に提出し，編集委員会が最終判断を行う。

⑩査読委員が2名とも「不適」の場合は，掲載を不可とする。

6　執筆者への採否の通知

編集委員会は，原稿の採否，掲載・不掲載の決定を，執筆者に文章で通知する。

経営学史学会
年報編集委員会

委員長　　河　辺　　　純（大阪商業大学教授）
委　員　　磯　村　和　人（中 央 大 学 教 授）
委　員　　藤　井　一　弘（青森公立大学教授）
委　員　　藤　沼　　　司（青森公立大学教授）
委　員　　松　田　　　健（駒 澤 大 学 教 授）
委　員　　山　縣　正　幸（近 畿 大 学 教 授）

編集後記

　このたび経営学史学会第30回大会を経て，経営学史学会年報第30輯を刊行することができた。本書は大会テーマと同じ『多面体としての経営学』のタイトルで，基調報告論文および統一論題報告論文4本，そして自由論題論文3本に加えて，ワークショップ企画報告の記録1本の合計9本の論文を中心とする構成となった。

　創立30年を迎えた本学会の節目となる全国大会において，運営委員会によって設定されたテーマに込められた意図は，本書第Ⅰ部「趣旨説明」で触れられているとおりである。今大会は第16回大会以降主流となっていたサブテーマの設定を行わずに実施されたが，サブテーマの設定がなかった大会は，16回大会以降今回が初めてのことではない。第26回大会「経営学の未来——経営学史研究の現代的意義を問う——」（2018年：神戸大学）も主題のみであったことは，記憶に新しいところである。

　今大会では，経営学史研究を「経営学の歴史的研究」として一括りにしてしまうのではなく，その総体を「多面体：Prism」としてあらためて捉え直し，かつその学際的特性を踏まえて多様な議論が展開されることが期待された。結果，多彩な学史研究のどの側面から各論攷において光が照射され，その光を受けた面を通して表象された「新たな意味」とは何であったのか。読者には，経営学という多面体から放たれた多彩な光の道筋を，過去の学史研究の蓄積とともに，本年報を通じて辿っていただければ幸いである。

　最後に形式面についても少し触れておくと，第19輯から年報が横書きで編集刊行されているが，縦書きの年報と比較すると図表が挿入された論文が増えてきている感がある。このような形式的な変化を受容しつつ，内容面ではこれまで以上の学問的質が確保された学術誌となるよう，編集委員会としても引き続き努力していきたい。

（河辺　純　記）

THE ANNUAL BULLETIN

of

The Society for the History of Management Theories

No. 30   May, 2023

Management Theories as a Prism

Contents

Preface

Kazuhiro FUJII (Aomori Public University)

I   **Meaning of the Theme**

II **Management Theories as Multifaceted Entity**

1   Digitalized World: Short Essay on "Management"

Takeshi MATSUDA (Komazawa University)

2   An Inquiry into a Dialogical Approach to the Study of the History of Business Administration

Masayuki YAMAGATA (Kindai University)

3   Organizational Ethics Studies as a Prism

Takashi MAJIMA (Senshu University)

4   Work Design and Management Studies

Yoshiaki TAKAO (Tokyo Metropolitan University)

5   Relationship between Research and Practice Issues in Organizational Behavior Research: A Historical Review of the Discourse

Yasuhiro HATTORI (Kobe University)

III **Workshop**

6   Dialogue between Theoretical and Empirical Research: What should the
    Society for the History of Management Theories do for the Development
    of Management Studies?

                            Norio KAMBAYASHI (Kobe University)
                            Yoshiko NIWAMOTO (Kobe University)
                            Kohei KIJIMA (Kwansei Gakuin University)
                            Kazuhito ISOMURA (Chuo University)

Ⅳ   Other Themes

7   The Philosophy of Organism and Human Cooperation: Persuasion and
    Coordination in the Process of Civilization
                            Yasuto MURATA (Nagoya Ryujo Women's University)
8   Various Aspects of "Visual Control" in Management
                            Tsuyoshi YAMASHITA (The University of Kitakyushu)
9   Genealogy and Development of Anthropological Organizational Studies in
    the History of Business and Management Theories
                            Kazunori SUNAGAWA (Chuo University)

V   Literatures

Ⅵ   Materials

Abstracts

Digitalized World: Short Essay on "Management"

Takeshi MATSUDA (Komazawa University)

Management/Business administration (BA) has been considered as interdisciplinary research fields because of the widely varied methodologies. Especially, interpretation and practice of rationality have been centered in managing organizations. Since 1980's, we have been paying a great attention to digitalization in our daily life. In this short essay, from the perspective of rationalization and its implementation, we elucidate influences of digitalization and quantification in organizational management.

Max Weber explicated capitalism with the key concept of *rationalization*, intertwined with the process of modernization in the West and the transition to modern capitalist society. To achieve "rational management", F. W. Taylor developed the scientific management which is a management method based on quantification of labor forces in early 20th century and since then the concept of *quantification* has become essential for management rationality.

The concept of *quantification* and *digitalization* rapidly propelled and eventually leads to *indexation* in various areas of society. In this essay, we explore how *quantification*, *digitalization* and *rationality* should be considered in managing organizations.

An Inquiry into a Dialogical Approach to the Study of the History of Business Administration

Masayuki YAMAGATA (Kindai University)

This paper discusses the significance and potential of a dialogical approach in the study of the history of management studies.

It is clear from its historical development that business administration emerged from practical demands. Of course, practical demands are not only demands from the standpoint of managing enterprises, but also practical demands from the side of other actors with different interests and attitudes. In any case, business administration has developed in close relationship with management practice.

The history of business administration clarifies this development. In the study of the history of management studies, it is clarified how each management theory was born and, at the same time, what significance it has for contemporary management practice is discussed. The concept of dialogue is useful in considering this point. This paper discusses various studies based on the concept of dialogue and clarifies the significance and potential of a dialogical approach in the study of the history of management studies.

Organizational Ethics Studies as a Prism

Takashi MAJIMA (Senshu University)

The purpose of this paper is twofold. First, it is to clarify the multifaceted nature of organizational ethics studies, one of the most important research areas in management studies. In particular, this paper focuses on recent new approaches. Second, it is to consider what implications for management practice can be drawn from those new approaches to organizational ethics studies. This paper first points out that "business ethics" research is the dominant approach to organizational ethics studies, which primarily discusses "how organizations can be controlled through institutions so that they are constructed by various activities in accordance with norms that are understood to be ethical". Next, we will present the content of discussions on two new approaches ("ethics as practice" and "ethics as sensemaking") that emerged in the 2000s to criticize or complement this "business ethics" research, and point out the differences (heterogeneity) between these approaches and previous research (business ethics). These new approaches are characterized as descriptive studies based on a semantic, linguistic, or practical turn. This characteristic gives the approach the limitation of not being able to show practical implications. Therefore, at the end of this paper, we discuss two directions based on narrative therapy to overcome this limitation.

Work Design and Management Studies

Yoshiaki TAKAO (Tokyo Metropolitan University)

Management studies began with work innovation, and much research has been conducted on organizations of work. Although many business and public organizations are seeking ways to change work lately, business scholars have yet to be able to provide sufficient useful knowledge to them. Based on such reunderstanding, this study introduces work design theory and explicates its evolution. Despite the meaningful contribution to the analysis of the job, work design theory has gradually specialized in microframework to adapt to the demand for more rigor in research, and its detachment from practice has gradually emerged. Along with this, work design theory has reinforced the implicit assumption of "manager determinism". However, recent research has questioned such assumption in work design, proposing analyses that focus on jobs from multiple dimensions. Relying on the explication, this study concludes that the recent reformation of jobs in business and public organizations makes observing and understanding management phenomena from the "aspect" of work important again.

Relationship between Research and Practice Issues in Organizational Behavior Research: A Historical Review of the Discourse

Yasuhiro HATTORI (Kobe University)

The purpose of this paper is to identify points to think about the relationship between research and practice (RRP) issue in 2023 by reviewing how past studies in organizational behavior research have dealt with PPR. The review in this paper covers *HUMAN RELATINOS, NEO HUMAN RELATINOS*, psychoanalytic research as typified by *GLACIER STUDIES, POSITIVIST ORGANIZATINOAL BEHHAVIOR RESEARCH*, and *EVIDENCE-BASED MANAGEMENT*. With regard to these research groups, while (1) confirming what theories, concepts, and ideas each presented, the paper mainly focuses on (2) what kind of relationship between the researcher and the practitioner such knowledge emerged from, what assumptions the researcher had about the relationship between the two. By focusing not on the knowledge presented as a result of the research, but rather on the ways in which the researchers confronted the practice that produced it, we will attempt to extract points of contention for our discussion of RRP issues.

Dialogue between Theoretical and Empirical Research: What should the Society for the History of Management Theories do for the Development of Management Studies?

Norio KAMBAYASHI (Kobe University)
Yoshiko NIWAMOTO (Kobe University)
Kohei KIJIMA (Kwansei Gakuin University)
Kazuhito ISOMURA (Chuo University)

Perhaps it is a trend of the times, but interest in the history of business administration is waning. The shrinking of our Society for the History of Management Theories has not been halted, and the number of members has continued to decline.

The background to this is that the unique merits of the study of the history of management theories, which is to look calmly at the present situation and look to the future from the perspective of the genealogy of business administration up to the present, are not accurately understood by some sections of society and business administration researchers.

The workshop at the 30th Congress of the Society for the History of Management Theories was planned as a first step to consider these issues on the occasion of the 30th anniversary of the Society's establishment, and to provide a forum for members to share their awareness of the issues and discuss with participants how the Society views these issues and what concrete actions it needs to take in the future. The purpose of this project is to provide an opportunity for members to share their awareness of the issues and to discuss with each other and with the participants.

This paper is a summary of the reports by the three presenters and a record of their views on the future of the Society based on the discussions that took place in the workshop.

多面体としての経営学

経営学史学会年報　第 30 輯

2023 年 5 月 26 日　第 1 版第 1 刷発行　　　　　　　検印省略

編　者　経 営 学 史 学 会

発行者　前　野　　　隆

発行所　㈱式会社　文　眞　堂
東京都新宿区早稲田鶴巻町 533
電　話　03（3202）8480
ＦＡＸ　03（3203）2638
〒162-0041 振替00120-2-96437

製作・平河工業社
© 2023
URL. https://keieigakusi.info/
　　　https://www.bunshin-do.co.jp/
落丁・乱丁本はおとりかえいたします
定価はカバー裏に表示してあります
ISBN978-4-8309-5225-8　C3034

● 好評既刊

経営学の位相　第一輯

●主要目次

Ⅰ　課題

一　経営学の本格化と経営学史研究の重要性　　　　　　山　本　安　次　郎

二　社会科学としての経営学　　　　　　　　　　　　　三　戸　　　　公

三　管理思考の呪縛――そこからの解放　　　　　　　　北　野　利　信

四　バーナードとヘンダーソン　　　　　　　　　　　　加　藤　勝　康

五　経営経済学史と科学方法論　　　　　　　　　　　　永　田　　　誠

六　非合理主義的組織論の展開を巡って　　　　　　　　稲　村　　　毅

七　組織情報理論の構築へ向けて　　　　　　　　　　　小　林　敏　男

Ⅱ　人と業績

八　村本福松先生と中西寅雄先生の回想　　　　　　　　高　田　　　馨

九　馬場敬治――その業績と人柄　　　　　　　　　　　雲　嶋　良　雄

十　北川宗藏教授の「経営経済学」　　　　　　　　　　海　道　　　進

十一　シュマーレンバッハ学説のわが国への導入　　　　齊　藤　隆　夫

十二　回想――経営学研究の歩み　　　　　　　　　　　大　島　國　雄

経営学の巨人　第二輯

●主要目次

Ⅰ　経営学の巨人

一　H・ニックリッシュ

　　1　現代ドイツの企業体制とニックリッシュ　　　　吉　田　　　修

　　2　ナチス期ニックリッシュの経営学　　　　　　　田　中　照　純

　　3　ニックリッシュの自由概念と経営思想　　　　　鈴　木　辰　治

二　C・I・バーナード

　　4　バーナード理論と有機体の論理　　　　　　　　村　田　晴　夫

　　5　現代経営学とバーナードの復権　　　　　　　　庭　本　佳　和

　　6　バーナード理論と現代　　　　　　　　　　　　稲　村　　　毅

三　K・マルクス

　　7　日本マルクス主義と批判的経営学　　　　　　　川　端　久　夫

　　8　旧ソ連型マルクス主義の崩壊と個別資本説の現段階　片　岡　信　之

　　9　マルクスと日本経営学　　　　　　　　　　　　篠　原　三　郎

Ⅱ　経営学史論攷
　　1　アメリカ経営学史の方法論的考察　　　　　　　　三　井　　　泉
　　2　組織の官僚制と代表民主制　　　　　　　　　　　奥　田　幸　助
　　3　ドイツ重商主義と商業経営論　　　　　　　　　　北村健之助
　　4　アメリカにみる「キャリア・マネジメント」理論の動向　西　川　清　之
Ⅲ　人と業績
　　1　藻利重隆先生の卒業論文　　　　　　　　　　　　三　戸　　　公
　　2　日本の経営学研究の過去・現在・未来　　　　　　儀　我　壮　一　郎
　　3　経営学生成への歴史的回顧　　　　　　　　　　　鈴　木　和　蔵
Ⅳ　文　献

日本の経営学を築いた人びと　第三輯

●主要目次

Ⅰ　日本の経営学を築いた人びと
　一　上田貞次郎——経営学への構想——　　　　　　　小　松　　　章
　二　増地庸治郎経営理論の一考察　　　　　　　　　　河　野　大　機
　三　平井泰太郎の個別経済学　　　　　　　　　　　　眞　野　　　脩
　四　馬場敬治経営学の形成・発展の潮流とその現代的意義　岡　本　康　雄
　五　古林経営学——人と学説——　　　　　　　　　　門　脇　延　行
　六　古林教授の経営労務論と経営民主化論　　　　　　奥　田　幸　助
　七　馬場克三——五段階説、個別資本説そして経営学——　三　戸　　　公
　八　馬場克三・個別資本の意識性論の遺したもの　　　川　端　久　夫
　　　　　——個別資本説と近代管理学の接点——
　九　山本安次郎博士の「本格的経営学」の主張をめぐって　加　藤　勝　康
　　　　　——Kuhnian Paradigmとしての「山本経営学」——
　十　山本経営学の学史的意義とその発展の可能性　　　谷　口　照　三
　十一　高宮　晋—経営組織の経営学的論究　　　　　　鎌　田　伸　一
　十二　山城経営学の構図　　　　　　　　　　　　　　森　本　三　男
　十三　市原季一博士の経営学説——ニックリッシュとともに——　増　田　正　勝
　十四　占部経営学の学説史的特徴とバックボーン　　　金　井　壽　宏
　十五　渡辺銕蔵論——経営学史の一面——　　　　　　高　橋　俊　夫
　十六　生物学的経営学説の生成と展開　　　　　　　　裴　　富　吉
　　　　　——暉峻義等の労働科学：経営労務論の一源流——
Ⅱ　文　献

アメリカ経営学の潮流 第四輯

●主要目次

Ⅰ　アメリカ経営学の潮流

一　ポスト・コンティンジェンシー理論――回顧と展望――　　野中郁次郎

二　組織エコロジー論の軌跡　　村上伸一
　　　――一九八〇年代の第一世代の中核論理と効率に関する議論
　　　の検討を中心にして――

三　ドラッカー経営理論の体系化への試み　　河野大機

四　H・A・サイモン――その思想と経営学――　　稲葉元吉

五　バーナード経営学の構想　　眞野脩

六　プロセス・スクールからバーナード理論への接近　　辻村宏和

七　人間関係論とバーナード理論の結節点　　吉原正彦
　　　――バーナードとキャボットの交流を中心として――

八　エルトン・メイヨーの管理思想再考　　原田實

九　レスリスバーガーの基本的スタンス　　杉山三七男

十　F・W・テイラーの管理思想　　中川誠士
　　　――ハーバード経営大学院における講義を中心として――

十一　経営の行政と統治　　北野利信

十二　アメリカ経営学の一一〇年――社会性認識をめぐって――　　中村瑞穂

Ⅱ　文　献

経営学研究のフロンティア 第五輯

●主要目次

Ⅰ　日本の経営者の経営思想

一　日本の経営者の経営思想　　清水龍瑩
　　　――情報化・グローバル化時代の経営者の考え方――

二　日本企業の経営理念にかんする断想　　森川英正

三　日本型経営の変貌――経営者の思想の変遷――　　川上哲郎

Ⅱ　欧米経営学研究のフロンティア

四　アメリカにおけるバーナード研究のフロンティア　　高橋公夫
　　　――William, G. Scott の所説を中心として――

五　フランスにおける商学・経営学教育の成立と展開　　
　　　（一八一九年――一九五六年）　　日高定昭

六　イギリス組織行動論の一断面　　幸田浩文

　　　　──経験的調査研究の展開をめぐって──

　七　ニックリッシュ経営学変容の新解明　　　　　　　森　　哲　彦

　八　E・グーテンベルク経営経済学の現代的意義　　　髙　橋　由　明
　　　　──経営タイプ論とトップ・マネジメント論に焦点を合わせて──

　九　シュマーレンバッハ「共同経済的生産性」概念の再構築　永　田　　誠

　十　現代ドイツ企業体制論の展開　　　　　　　　　　海道ノブチカ
　　　　──R・-B・シュミットとシュミーレヴィッチを中心として──

Ⅲ　現代経営・組織研究のフロンティア

　十一　企業支配論の新視角を求めて　　　　　　　　　片　岡　　進
　　　　──内部昇進型経営者の再評価、資本と情報の同時追究、
　　　　　自己組織論の部分的導入──

　十二　自己組織化・オートポイエーシスと企業組織論　長　岡　克　行

　十三　自己組織化現象と新制度派経済学の組織論　　　丹　沢　安　治

Ⅳ　文　献

経営理論の変遷　第六輯

● 主要目次

Ⅰ　経営学史研究の意義と課題

　一　経営学史研究の目的と意義　　　　　　　ウィリアム・G・スコット

　二　経営学史の構想における一つの試み　　　　　加　藤　勝　康

　三　経営学の理論的再生運動　　　　　　　　　　鈴　木　幸　毅

Ⅱ　経営理論の変遷と意義

　四　マネジメント・プロセス・スクールの変遷と意義　二　村　敏　子

　五　組織論の潮流と基本概念　　　　　　　　　　岡　本　康　雄
　　　　──組織的意思決定論の成果をふまえて──

　六　経営戦略の意味　　　　　　　　　　　　　　加　護　野　忠　男

　七　状況適合理論（Contingency Theory）　　　　岸　田　民　樹

Ⅲ　現代経営学の諸相

　八　アメリカ経営学とヴェブレニアン・インスティテュー
　　　ショナリズム　　　　　　　　　　　　　　今　井　清　文

　九　組織論と新制度派経済学　　　　　　　　　　福　永　文美夫

　十　企業間関係理論の研究視点　　　　　　　　　山　口　隆　之
　　　　──「取引費用」理論と「退出／発言」理論の比較を通じて──

　十一　ドラッカー社会思想の系譜　　　　　　　　島　田　　恒
　　　　──「産業社会」の構想と挫折、「多元社会」への展開──

十二　バーナード理論のわが国への適用と限界　　　　　　　大　平　義　隆
十三　非合理主義的概念の有効性に関する一考察　　　　　　前　田　東　岐
　　　　──ミンツバーグのマネジメント論を中心に──
十四　オートポイエシス──経営学の展開におけるその意義──　藤　井　一　弘
十五　組織文化の組織行動に及ぼす影響について　　　　　　間　嶋　　　崇
　　　　──E・H・シャインの所論を中心に──

Ⅳ　文　献

経営学百年──鳥瞰と未来展望──　第七輯

●主要目次

Ⅰ　経営学百年──鳥瞰と未来展望──
　一　経営学の主流と本流──経営学百年、鳥瞰と課題──　　三　戸　　　公
　二　経営学における学の世界性と経営学史研究の意味　　　村　田　晴　夫
　　　　──「経営学百年──鳥瞰と未来展望」に寄せて
　三　マネジメント史の新世紀　　　　　　　　　　　ダニエル・A・レン
Ⅱ　経営学の諸問題──鳥瞰と未来展望──
　四　経営学の構想──経営学の研究対象・問題領域・考察方法──　万　仲　脩　一
　五　ドイツ経営学の方法論吟味　　　　　　　　　　　　　清　水　敏　允
　六　経営学における人間問題の理論的変遷と未来展望　　　村　田　和　彦
　七　経営学における技術問題の理論的変遷と未来展望　　　宗　像　正　幸
　八　経営学における情報問題の理論的変遷と未来展望　伊藤淳巳・下﨑千代子
　　　　──経営と情報──
　九　経営学における倫理・責任問題の理論的変遷と未来展望　西　岡　健　夫
　十　経営の国際化問題について　　　　　　　　　　　　　赤　羽　新太郎
　十一　日本的経営論の変遷と未来展望　　　　　　　　　　林　　　正　樹
　十二　管理者活動研究の理論的変遷と未来展望　　　　　　川　端　久　夫
Ⅲ　経営学の諸相
　十三　M・P・フォレット管理思想の基礎　　　　　　　　杉　田　　　博
　　　　──ドイツ観念論哲学における相互承認論との関連を中心に──
　十四　科学的管理思想の現代的意義　　　　　　　　　　　藤　沼　　　司
　　　　──知識社会におけるバーナード理論の可能性を求めて──
　十五　経営倫理学の拡充に向けて　　　　　　　　　　　　岩　田　　　浩
　　　　──デューイとバーナードが示唆する重要な視点──
　十六　H・A・サイモンの組織論と利他主義モデルを巡って　髙　　　巖
　　　　──企業倫理と社会選択メカニズムに関する提言──

十七　組織現象における複雑性　　　　　　　　　　阿　辻　茂　夫
十八　企業支配論の一考察　　　　　　　　　　　　坂　本　雅　則
　　　──既存理論の統一的把握への試み──

Ⅳ　文　献

組織管理研究の百年　第八輯

●主要目次

Ⅰ　経営学百年──組織・管理研究の方法と課題──
　一　経営学研究における方法論的反省の必要性　　　佐々木　恒　男
　二　比較経営研究の方法と課題　　　　　　　　　　愼　　　侑　根
　　　──東アジア的企業経営システムの構想を中心として──
　三　経営学の類別と展望──経験と科学をキーワードとして──　原　澤　芳太郎
　四　管理論・組織論における合理性と人間性　　　　池　内　秀　己
　五　アメリカ経営学における「プラグマティズム」と
　　　「論理実証主義」　　　　　　　　　　　　　　三　井　　　泉
　六　組織変革とポストモダン　　　　　　　　　　　今　田　高　俊
　七　複雑適応系──第三世代システム論──　　　　河　合　忠　彦
　八　システムと複雑性　　　　　　　　　　　　　　西　山　賢　一

Ⅱ　経営学の諸問題
　九　組織の専門化に関する組織論的考察　　　　　　吉　成　　　亮
　　　──プロフェッショナルとクライアント──
　十　オーソリティ論における職能説　　　　　　　　高　見　精一郎
　　　──高宮晋とM・P・フォレット──
十一　組織文化論再考──解釈主義的文化論へ向けて──　四　本　雅　人
十二　アメリカ企業社会とスピリチュアリティー　　　村　山　元　理
十三　自由競争を前提にした市場経済原理にもとづく
　　　経営学の功罪──経営資源所有の視点から──　海老澤　栄　一
十四　組織研究のあり方　　　　　　　　　　　　　　大　月　博　司
　　　──機能主義的分析と解釈主義的分析──
十五　ドイツの戦略的管理論研究の特徴と意義　　　　加　治　敏　雄
十六　企業に対する社会的要請の変化　　　　　　　　小　山　嚴　也
　　　──社会的責任論の変遷を手がかりにして──
十七　E・デュルケイムと現代経営学　　　　　　　　齋　藤　貞　之

Ⅲ　文　献

IT革命と経営理論　第九輯

●主要目次

I　テイラーからITへ──経営理論の発展か、転換か──

　一　序説　テイラーからITへ──経営理論の発展か転換か──　　稲　葉　元　吉
　二　科学的管理の内包と外延──IT革命の位置──　　三　戸　　　公
　三　テイラーとIT──断絶か連続か──　　篠　崎　恒　夫
　四　情報化と協働構造　　國　領　二　郎
　五　経営情報システムの過去・現在・未来　　島　田　達　巳
　　　　　　──情報技術革命がもたらすもの──
　六　情報技術革命と経営および経営学　　庭　本　佳　和
　　　　　　──島田達巳「経営情報システムの過去・現在・未来」をめぐって──

II　論　攷

　七　クラウゼウィッツのマネジメント論における理論と実践　　鎌　田　伸　一
　八　シュナイダー企業者職能論　　関　野　　　賢
　九　バーナードにおける組織の定義について　　坂　本　光　男
　　　　　　──飯野－加藤論争に関わらせて──
　十　バーナード理論と企業経営の発展　　高　橋　公　夫
　　　　　　──原理論・類型論・段階論──
　十一　組織論における目的概念の変遷と展望　　西　本　直　人
　　　　　　──ウェーバーからCMSまで──
　十二　ポストモダニズムと組織論　　高　橋　正　泰
　十三　経営組織における正義　　宮　本　俊　昭
　十四　企業統治における法的責任の研究　　境　　　新　一
　　　　　　──経営と法律の複眼的視点から──
　十五　企業統治論における正当性問題　　渡　辺　英　二

III　文　献

現代経営と経営学史の挑戦
──グローバル化・地球環境・組織と個人──　第十輯

●主要目次

I　現代経営の課題と経営学史研究

　一　現代経営の課題と経営学史研究の役割―展望　　小　笠　原　英　司
　二　マネジメントのグローバルな移転　　岡　田　和　秀
　　　　　　──マネジメント・学説・背景──

　三　グローバリゼーションと文化　　　　　　　　　　高　橋　由　明
　　　　　──経営管理方式国際移転の社会的意味──
　四　現代経営と地球環境問題──経営学史の視点から──　庭　本　佳　和
　五　組織と個人の統合　　　　　　　　　　　　　　　太　田　　　肇
　　　　　──ポスト新人間関係学派のモデルを求めて──
　六　日本的経営の一検討──その毀誉褒貶をたどる──　赤　岡　　　功
Ⅱ　創立十周年記念講演
　七　経営学史の課題　　　　　　　　　　　　　　　　阿　部　謹　也
　八　経営学教育における企業倫理の領域　　　　　　E・M・エプスタイン
　　　　　──過去・現在・未来
Ⅲ　論　攷
　九　バーナード組織概念の一詮議　　　　　　　　　　川　端　久　夫
　十　道徳と能力のシステム──バーナードの人間観再考──　磯　村　和　人
　十一　バーナードにおける過程性と物語性　　　　　　小　濱　　　純
　　　　　──人間観からの考察──
　十二　経営学における利害関係者研究の生成と発展　　水　村　典　弘
　　　　　──フリーマン学説の検討を中心として──
　十三　現代経営の底流と課題──組織知の創造を超えて──　藤　沼　　　司
　十四　個人行為と組織文化の相互影響関係に関する一考察　間　嶋　　　崇
　　　　　──A・ギデンズの構造化論をベースとした組織論の考察をヒントに──
　十五　組織論における制度理論の展開　　　　　　　　岩　橋　建　治
　十六　リーダーシップと組織変革　　　　　　　　　　吉　村　泰　志
　十七　ブライヒャー統合的企業管理論の基本思考　　　山　縣　正　幸
　十八　エーレンベルク私経済学の再検討　　　　　　　梶　脇　裕　二
Ⅳ　文　献

経営学を創り上げた思想　第十一輯

● 主要目次

Ⅰ　経営理論における思想的基盤
　一　経営学における実践原理・価値規準について　　　仲　田　正　機
　　　　　──アメリカ経営管理論を中心として──
　二　プラグマティズムと経営理論　　　　　　　　　　岩　田　　　浩
　　　　　──チャールズ・S・パースの思想からの洞察──
　三　プロテスタンティズムと経営思想　　　　　　　　三　井　　　泉
　　　　　──クウェーカー派を中心として──

　四　シュマーレンバッハの思想的・実践的基盤　　　　　　　平　田　光　弘
　五　ドイツ経営経済学・経営社会学と社会的カトリシズム　　増　田　正　勝
　六　上野陽一の能率道　　　　　　　　　　　　　　　　　　齊　藤　毅　憲
　七　日本的経営の思想的基盤──経営史的な考究──　　　　　由　井　常　彦
Ⅱ　特別講演
　八　私の経営理念　　　　　　　　　　　　　　　　　　　　辻　　　　　理
Ⅲ　論　攷
　九　ミッションに基づく経営──非営利組織の事業戦略基盤──　島　田　　　恒
　十　価値重視の経営哲学　　　　　　　　　　　　　　　　　村　山　元　理
　　　　──スピリチュアリティの探求を学史的に照射して──
　十一　企業統治における内部告発の意義と問題点　　　　　　境　　　新　一
　　　　──経営と法律の視点から──
　十二　プロセスとしてのコーポレート・ガバナンス　　　　　生　田　泰　亮
　　　　──ガバナンス研究に求められるもの──
　十三　「経営者の社会的責任」論とシュタインマンの企業倫理論　高　見　直　樹
　十四　ヴェブレンとドラッカー──企業・マネジメント・社会──　春　日　　　賢
　十五　調整の概念の学史的研究と現代的課題　　　　　　　　松　田　昌　人
　十六　HRO研究の革新性と可能性　　　　　　　　　　　　西　本　直　人
　十七　「ハリウッド・モデル」とギルド　　　　　　　　　　國　島　弘　行
Ⅳ　文　献

ガバナンスと政策──経営学の理論と実践──　第十二輯
●主要目次
Ⅰ　ガバナンスと政策
　一　ガバナンスと政策　　　　　　　　　　　　　　　　　片　岡　信　之
　二　アメリカにおける企業支配論と企業統治論　　　　　　佐久間　信　夫
　三　フランス企業統治　　　　　　　　　　　　　　　　　築　場　保　行
　　　　──経営参加、取締役会改革と企業法改革──
　四　韓国のコーポレート・ガバナンス改革とその課題　　　勝　部　伸　夫
　五　私の経営観　　　　　　　　　　　　　　　　　　　　岩　宮　陽　子
　六　非営利組織における運営の公正さをどう保つのか　　　荻　野　博　司
　　　　──日本コーポレート・ガバナンス・フォーラム十年の経験から──
　七　行政組織におけるガバナンスと政策　　　　　　　　　石　阪　丈　一
Ⅱ　論　攷
　八　コーポレート・ガバナンス政策としての時価主義会計　菊　澤　研　宗

　　　　　——M・ジェンセンのエージェンシー理論とF・シュ
　　　　　ミットのインフレ会計学説の応用——
　　九　組織コントロールの変容とそのロジック　　　　　　　大　月　博　司
　　十　組織間関係の進化に関する研究の展開　　　　　　　　小　橋　　　勉
　　　　　——レベルとアプローチの視点から——
　　十一　アクター・ネットワーク理論の組織論的可能性　　　髙　木　俊　雄
　　　　　——異種混交ネットワークのダイナミズム——
　　十二　ドイツにおける企業統治と銀行の役割　　　　　　　松　田　　　健
　　十三　ドイツ企業におけるコントローリングの展開　　　　小　澤　優　子
　　十四　M・P・フォレット管理思想の基礎　　　　　　　　杉　田　　　博
　　　　　——W・ジェームズとの関連を中心に——
Ⅲ　文　献

企業モデルの多様化と経営理論 第十三輯
——二十一世紀を展望して——

●主要目次

Ⅰ　企業モデルの多様化と経営理論
　　一　経営学史研究の新展開　　　　　　　　　　　　　　　佐々木　恒　男
　　二　アメリカ経営学の展開と組織モデル　　　　　　　　　岸　田　民　樹
　　三　二十一世紀の企業モデルと経営理論——米国を中心に——角　野　信　夫
　　四　EU企業モデルと経営理論　　　　　　　　　　　　　万　仲　脩　一
　　五　EUにおける労働市場改革と労使関係　　　　　　　　久　保　広　正
　　六　アジア—中国企業モデルと経営理論　　　　　　　　　金　山　　　権
　　七　シャリーア・コンプライアンスと経営　　　　　　　　櫻　井　秀　子
　　　　　——イスラームにおける経営の原則——
Ⅱ　論　攷
　　八　経営学と社会ダーウィニズム　　　　　　　　　　　　福　永　文美夫
　　　　　——テイラーとバーナードの思想的背景——
　　九　個人と組織の不調和の克服を目指して　　　　　　　　平　澤　　　哲
　　　　　——アージリス前期学説の体系とその意義——
　　十　経営戦略論の新展開における「レント」概念
　　　　の意義について　　　　　　　　　　　　　　　　　石　川　伊　吹
　　十一　経営における意思決定と議論合理性　　　　　　　　宮　田　将　吾
　　　　　——合理性測定のコンセプト——

　　十二　ステークホルダー型企業モデルの構造と機能　　　　水　村　典　弘
　　　　　──ステークホルダー論者の論法とその思想傾向──
　　十三　支援組織のマネジメント──信頼構築に向けて──　　狩　俣　正　雄
Ⅲ　文　献

経営学の現在──ガバナンス論、組織論・戦略論──　第十四輯

● 主要目次
Ⅰ　経営学の現在
　　一　「経営学の現在」を問う　　　　　　　　　　　　　　勝　部　伸　夫
　　　　　──コーポレート・ガバナンス論と管理論・組織論──
　　二　株式会社を問う──「団体」の概念──　　　　　　　中　條　秀　治
　　三　日本の経営システムとコーポレート・ガバナンス　　　菊　池　敏　夫
　　　　　──その課題、方向、および条件の検討──
　　四　ストックホルダー・ガバナンス 対 ステイクホルダー・ガバナンス　菊　澤　研　宗
　　　　　──状況依存的ステイクホルダー・ガバナンスへの収束──
　　五　経営学の現在──自己組織・情報世界を問う──　　　三　戸　　　公
　　六　経営学史の研究方法　　　　　　　　　　　　　　　　吉　原　正　彦
　　　　　──「人間協働の科学」の形成を中心として──
　　七　アメリカの経営戦略と日本企業の実証研究　　　　　　沼　上　　　幹
　　　　　──リソース・ベースト・ビューを巡る相互作用──
　　八　経営戦略研究の新たな視座　　　　　　　　　　　　　庭　本　佳　和
　　　　　──沼上報告「アメリカの経営戦略論（ＲＢＶ）と日本企業
　　　　　　の実証的研究」をめぐって──

Ⅱ　論　攷
　　九　スイッチングによる二重性の克服　　　　　　　　　　渡　辺　伊津子
　　　　　──品質モデルをてがかりにして──
　　十　組織認識論と資源依存モデルの関係　　　　　　　　　佐々木　秀　徳
　　　　　──環境概念、組織観を手掛かりとして──
　　十一　組織学習論における統合の可能性　　　　　　　　　伊　藤　なつこ
　　　　　──マーチ＆オルセンの組織学習サイクルを中心に──
　　十二　戦略論研究の展開と課題　　　　　　　　　　　　　宇田川　元　一
　　　　　──現代戦略論研究への学説史的考察から──
　　十三　コーポレート・レピュテーションによる持続的競争優位　加賀田　和　弘
　　　　　──資源ベースの経営戦略の観点から──
　　十四　人間操縦と管理論　　　　　　　　　　　　　　　　山　下　　　剛

十五　リーダーシップ研究の視点　　　　　　　　　　薄　羽　哲　哉
　　　　――リーダー主体からフォロワー主体へ――
十六　チャールズ・バベッジの経営思想　　　　　　　村　田　和　博
十七　非営利事業体ガバナンスの意義と課題について　松　本　典　子
　　　　――ワーカーズ・コレクティブ調査を踏まえて――
十八　EUと日本におけるコーポレート・ガバナンス・
　　　コデックスの比較　　　　　　　　　　ラルフ・ビーブンロット
Ⅲ　文　献

現代経営学の新潮流――方法、CSR・HRM・NPO――　第十五輯

● 主要目次

Ⅰ　経営学の方法と現代経営学の諸問題
　一　経営学の方法と現代経営学の諸問題　　　　　　小笠原　英　司
　二　組織研究の方法と基本仮定――経営学との関連で――　坂　下　昭　宣
　三　経営研究の多様性とレレヴァンス問題　　　　　長　岡　克　行
　　　　――英語圏における議論の検討――
　四　経営学と経営者の育成　　　　　　　　　　　　辻　村　宏　和
　五　わが国におけるCSRの動向と政策課題　　　　　谷　本　寛　治
　六　ワーク・ライフ・バランスとHRM研究の新パラダイム　渡　辺　　　峻
　　　　――「社会化した自己実現人」と「社会化した人材マネジメント」――
　七　ドラッカー学説の軌跡とNPO経営学の可能性　　島　田　　　恒
Ⅱ　論　攷
　八　バーナード組織概念の再詮議　　　　　　　　　川　端　久　夫
　九　高田保馬の勢力論と組織　　　　　　　　　　　林　　　　　徹
　十　組織論と批判的実在論　　　　　　　　　　　　鎌　田　伸　一
十一　組織間関係論における埋め込みアプローチの検討　小　橋　　　勉
　　　　――その射程と課題――
十二　実践重視の経営戦略論　　　　　　　　　　　　吉　成　　　亮
十三　プロジェクトチームのリーダーシップ　　　　　平　井　信　義
　　　　――橋渡し機能を中心として――
十四　医療における公益性とメディカル・ガバナンス　小　島　　　愛
十五　コーポレート・ガバナンス論におけるExit・Voice・
　　　Loyaltyモデルの可能性　　　　　　　　　　　石　嶋　芳　臣
十六　企業戦略としてのCSR　　　　　　　　　　　矢　口　義　教
　　　　――イギリス石油産業の事例から――

Ⅲ　文　献

経営理論と実践　第十六輯

● 主要目次

Ⅰ　趣旨説明——経営理論と実践　　　　　　　　　　　　　第五期運営委員会

Ⅱ　経営理論と実践

　一　ドイツ経営学とアメリカ経営学における理論と実践　　　高　橋　由　明

　二　経営理論の実践性とプラグマティズム　　　　　　　　　岩　田　　　浩
　　　　　——ジョン・デューイの思想を通して——

　三　ドイツの経営理論で，世界で共通に使えるもの　　　　　小　山　明　宏

　四　現代 CSR の基本的性格と批判経営学研究の課題・方法　　百　田　義　治

　五　経営 "共育" への道　　　　　　　　　　　　　　　　　齊　藤　毅　憲
　　　　　——ゼミナール活動の軌跡から——

　六　経営学の研究者になるということ　　　　　　　　　　　上　林　憲　雄
　　　　　——経営学研究者養成の現状と課題——

　七　日本におけるビジネススクールの展開と二十一世紀への展望　高　橋　文　郎

　　　　　　　　　　　　　　　　　　　　　　　　　　　　　中　西　正　雄

　　　　　　　　　　　　　　　　　　　　　　　　　　　　　高　橋　宏　幸

　　　　　　　　　　　　　　　　　　　　　　　　　　　　　丹　沢　安　治

Ⅲ　論　攷

　八　チーム医療の必要性に関する試論　　　　　　　　　　　渡　邉　弥　生
　　　　　——「実践コミュニティ論」の視点をもとにして——

　九　OD（組織開発）の歴史的整理と展望　　　　　　　　　西　川　耕　平

　十　片岡説と構造的支配−権力パラダイムとの接点　　　　　坂　本　雅　則

Ⅳ　文　献

経営学の展開と組織概念　第十七輯

● 主要目次

Ⅰ　趣旨説明——経営理論と組織概念　　　　　　　　　　　第六期運営委員会

Ⅱ　経営理論と組織概念

　一　経営理論における組織概念の生成と展開　　　　　　　　庭　本　佳　和

　二　ドイツ経営組織論の潮流と二つの組織概念　　　　　　　丹　沢　安　治

　三　ヴェーバー官僚制論再考　　　　　　　　　　　　　　　小　阪　隆　秀
　　　　　——ポスト官僚制組織概念と組織人の自由——

　四　組織の概念──アメリカにおける学史的変遷──　　　　　　　中　條　秀　治

　五　実証的戦略研究の組織観　　　　　　　　　　　　　　　　　沼　上　　　幹
　　　　──日本企業の実証研究を中心として──

　六　ステークホルダー論の組織観　　　　　　　　　　　　　　　藤　井　一　弘

　七　組織学習論の組織観の変遷と展望　　　　　　　　　　　　　安　藤　史　江

Ⅲ　論　攷

　八　「組織と組織成員の関係」概念の変遷と課題　　　　　　　　聞　間　　　理

　九　制度的企業家のディスコース　　　　　　　　　　　　　　　松　嶋　　　登

　十　キャリア開発における動機づけの有効性　　　　　　　チン・トウイ・フン
　　　　──デシの内発的動機づけ理論の検討を中心に──

　十一　一九九〇年代以降のドイツ経営経済学の新たな展開　　　　清　水　一　之
　　　　　──ピコーの所説に依拠して──

　十二　ドイツ経営管理論におけるシステム・アプローチの展開　柴　田　　　明
　　　　　──ザンクト・ガレン学派とミュンヘン学派の議論から──

　十三　フランス中小企業研究の潮流　　　　　　　　　　　　　　山　口　隆　之
　　　　　──管理学的中小企業研究の発展──

Ⅳ　文　献

危機の時代の経営と経営学 第十八輯

●主要目次

Ⅰ　趣旨説明──危機の時代の経営および経営学　　　　　　第六期運営委員会

Ⅱ　危機の時代の経営と経営学

　一　危機の時代の経営と経営学　　　　　　　　　　　　　　　高　橋　由　明
　　　　──経済・産業政策と経営学史から学ぶ

　二　両大戦間の危機とドイツ経営学　　　　　　　　　　　　海道ノブチカ

　三　世界恐慌とアメリカ経営学　　　　　　　　　　　　　　　丸　山　祐　一

　四　社会的市場経済体制とドイツ経営経済学の展開　　　　　　風　間　信　隆
　　　　──市場性・経済性志向と社会性・人間性志向との間の揺らぎ──

　五　戦後日本企業の競争力と日本の経営学　　　　　　　　　　林　　　正　樹

　六　グローバル時代における経営学批判原理の複合　　　　　　高　橋　公　夫
　　　　──「断絶の時代」を超えて──

　七　危機の時代と経営学の再展開──現代経営学の課題──　　片　岡　信　之

Ⅲ　論　攷

　八　行動理論的経営学から神経科学的経営学へ　　　　　　　　梶　脇　裕　二
　　　　──シャンツ理論の新たな展開──

　九　経営税務論と企業者職能――投資決定に関する考察――　　　　　関　野　　　賢

　十　ドイツ経営経済学の発展と企業倫理の展開　　　　　　　　　　山　口　尚　美

　　　　――シュタインマン学派の企業倫理学を中心として――

Ⅳ　文　献

経営学の思想と方法　第十九輯

●主要目次

Ⅰ　趣旨説明――経営学の思想と方法　　　　　　　　　　　　　第６期運営委員会

Ⅱ　経営学の思想と方法

　1　経営学の思想と方法　　　　　　　　　　　　　　　　　　吉　原　正　彦

　2　経営学が構築してきた経営の世界　　　　　　　　　　　　上　林　憲　雄

　　　　――社会科学としての経営学とその危機――

　3　現代経営学の思想的諸相　　　　　　　　　　　　　　　　稲　村　　　毅

　　　　――モダンとポストモダンの視点から――

　4　科学と哲学の綜合学としての経営学　　　　　　　　　　　菊　澤　研　宗

　5　行為哲学としての経営学の方法　　　　　　　　　　　　　庭　本　佳　和

Ⅲ　論　攷

　6　日本における経営学の思想と方法　　　　　　　　　　　　三　戸　　　公

　7　組織の自律性と秩序形成の原理　　　　　　　　　　　　　髙　木　孝　紀

　8　HRM研究における研究成果の有用性を巡る一考察　　　　　櫻　井　雅　充

　　　　――プラグマティズムの真理観を手掛かりにして――

　9　起業を成功させるための起業環境分析　　　　　　　　　　大久保　康　彦

　　　　――モデルの構築と事例研究――

　10　「実践の科学」としての経営学　　　　　　　　　　　　　桑　田　耕太郎

　　　　――バーナードとサイモンの対比を通じて――

　11　アクション・サイエンスの発展とその意義　　　　　　　　平　澤　　　哲

　　　　――経営現象の予測・解釈・批判を超えて――

　12　マズローの思想と方法　　　　　　　　　　　　　　　　　山　下　　　剛

Ⅳ　文　献

経営学の貢献と反省――二十一世紀を見据えて――　第二十輯

●主要目次

Ⅰ　趣旨説明――経営学の貢献と反省――21世紀を見据えて　　　第７期運営委員会

Ⅱ　経営学の貢献と反省――21世紀を見据えて

　1　日本における経営学の貢献と反省——21世紀を見据えて——　　三　戸　　公
　2　企業理論の発展と21世紀の経営学　　勝　部　伸　夫
　3　企業の責任化の動向と文明社会の行方　　岩　田　　浩
　4　産業経営論議の百年——貢献，限界と課題——　　宗　像　正　幸
　5　東京電力・福島第一原発事故と経営学・経営史学の課題　　橘　川　武　郎
　6　マネジメント思想における「個人と組織」の物語り　　三　井　　泉
　　　　——「個人と組織」の20世紀から「関係性」の21世紀へ——
　7　経営学史における組織と時間　　村　田　晴　夫
　　　　——組織の発展と個人の満足——

Ⅲ　論　攷
　8　現代企業史とチャンドラー学説　　澤　田　浩　二
　　　　——その今日的意義と限界——
　9　v. ヴェルダーの管理組織論　　岡　本　丈　彦
　　　　——組織理論的な観点と法的な観点からの考察——
　10　組織社会化研究の新展開　　福　本　俊　樹
　　　　——組織における自己の記述形式を巡って——

Ⅳ　文　献

経営学の再生——経営学に何ができるか——　　　第二十一輯

●主要目次
Ⅰ　趣旨説明——経営学の再生——経営学に何ができるか　　第 7 期運営委員会
Ⅱ　経営学の再生——経営学に何ができるか
　1　経営学に何ができるか——経営学の再生——　　藤　井　一　弘
　2　経営維持から企業発展へ　　山　縣　正　幸
　　　　——ドイツ経営経済学におけるステイクホルダー思考とWertschöpfung——
　3　「協働の学としての経営学」再考　　藤　沼　　司
　　　　——「経営の発展」の意味を問う——
　4　経済学を超える経営学——経営学構想力の可能性——　　高　橋　公　夫
　5　経営学における新制度派経済学の展開とその方法論的含意　　丹　沢　安　治
　6　経営学と経済学における人間観・企業観・社会観　　三　戸　　浩
Ⅲ　論　攷
　7　組織均衡論をめぐる論争の再考　　林　　　徹
　　　　——希求水準への一考察——
　8　高信頼性組織研究の展開　　藤　川　なつこ
　　　　——ノーマル・アクシデント理論と高信頼性理論の対立と協調——

　　9　人的資源管理と戦略概念　　　　　　　　　　　　森　谷　周　一

　　10　組織能力における HRM の役割　　　　　　　　　庭　本　佳　子
　　　　──「調整」と「協働水準」に注目して──

　　11　組織行動論におけるミクロ-マクロ問題の再検討　　貴　島　耕　平
　　　　──社会技術システム論の学際的アプローチを手がかりに──

Ⅳ　文　献

現代経営学の潮流と限界──これからの経営学── 第二十二輯

●主要目次

Ⅰ　趣旨説明──現代経営学の潮流と限界──これからの経営学　第 7 期運営委員会

Ⅱ　現代経営学の潮流と限界──これからの経営学
　　1　現代経営学の潮流と限界──これからの経営学──　　高　橋　公　夫
　　2　新制度派経済学研究の停滞とその脱却　　　　　　菊　澤　研　宗
　　3　経営戦略論の理論的多元性と実践的含意　　　　　大　月　博　司
　　4　状況適合理論から組織化の進化論へ　　　　　　　岸　田　民　樹
　　5　人的資源管理パラダイムの展開　　　　　　　　　上　林　憲　雄
　　　　──意義・限界・超克可能性──

Ⅲ　論　攷
　　6　イギリスにおける分業論の展開　　　　　　　　　村　田　和　博
　　　　──アダム・スミスから J. S. ミルまで──

　　7　制度の象徴性と物質性に関する学説史的検討　　　早　坂　　　啓
　　　　──超越論的認識論における二律背反概念を通じて──

　　8　地域社会レベルからみる企業の社会的責任　　　　津久井　稲　緒
　　9　米国における通報研究の展開　　　　　　　　　　吉　成　　　亮
　　　　──通報者の立場にもとづく悪事の通報過程──

　　10　ダイナミック・ケイパビリティ論における知識の問題　　赤　尾　充　哉

Ⅳ　文　献

経営学の批判力と構想力 第二十三輯

●主要目次

Ⅰ　趣旨説明──経営学の批判力と構想力　　　　　　第 8 期運営委員会

Ⅱ　経営学の批判力と構想力
　　1　経営学の批判力と構想力　　　　　　　　　　　　河　辺　　　純
　　2　経営における正しい選択とビジネス倫理の視座　　水　村　典　弘

3　経営管理論形成期における H. S. デニスンの「長期連帯主義」思想

　　　　　　　　　　　　　　　　　　　　　中　川　誠　士

4　制度化された経営学の批判的検討　　　　　桑　田　耕太郎
　　　──『制度的企業家』からのチャレンジ──

5　管理論・企業論・企業中心社会論　　　　　渡　辺　敏　雄
　　　──企業社会論の展開に向かって──

Ⅲ　論　　攷

6　コントローリングの導入と普及　　　　　　小　澤　優　子

7　「トランス・サイエンス」への経営学からの照射　藤　沼　　　司
　　　──「科学の体制化」過程への経営学の応答を中心に──

8　新制度経済学の思想的基盤と新自由主義　　高　橋　由　明

9　組織能力の形成プロセス──現場からの環境適応──　庭　本　佳　子

10　組織不祥事研究のポリティカル・リサーチャビリティ　中　原　　　翔
　　　──社会問題の追認から生成に向けて──

Ⅳ　文　　献

経営学史研究の興亡　第二十四輯

●主要目次

Ⅰ　**趣旨説明──経営学史研究の興亡**　　　　　第 8 期運営委員会

Ⅱ　**経営学史研究の興亡**

1　経営学史研究の興亡　　　　　　　　　　　池　内　秀　己

2　「歴史学的視点から見た経営学史」試考　　藤　井　一　弘

3　経営学史研究の意義と方法　　　　　　　　海道ノブチカ

4　経営学における物質性概念の行方：社会構成主義の陥穽を超えて

　　　　　　　　　　　　　　　　　　　　　松　嶋　　　登

5　M. P. Follett 思想における Pragmatism と Pluralism　三　井　　　泉
　　　──その意味と可能性──

6　ホーマン学派の「秩序倫理」における企業倫理の展開　柴　田　　　明
　　　──理論的発展とその実践的意義について──

Ⅲ　論　　攷

7　グローバルリーダー研究の学史的位置づけの検討　島　田　善　道

8　ダイナミック・ケイパビリティ論の企業家論的展開の課題と
　　その解消に向けて　　　　　　　　　　　　石　川　伊　吹
　　　──David, Harper の企業家論を手がかりに──

9　マズロー自己実現論と経営学　　　　　　　　　　　山　下　　　剛
　　　――金井壽宏「完全なる経営」論について――
10　人的資源管理論における人間的側面考察の必要性について
　　　　　　　　　　　　　　　　　　　　　　　　　　高　橋　哲　也
11　M. P. フォレットの「創造的経験」　　　　　　　　西　村　香　織
　　　――Creative Experience における理解を中心として――
12　M. P. フォレットの世界観　　　　　　　　　　　　杉　田　　　博
　　　――その物語性の哲学的基礎――
13　ステークホルダー理論におけるステーク概念の検討　中　村　貴　治
Ⅳ　文　　　献

経営学史研究の挑戦　第二十五輯

●主要目次

Ⅰ　**趣旨説明――経営学史研究の挑戦**　　　　　　　　第８期運営委員会
Ⅱ　**経営学史研究の挑戦**
　1　経営学史研究の挑戦――その持つ意味――　　　　　吉　原　正　彦
　2　経営学史研究の意義を探って――実践性との関連で――　梶　脇　裕　二
　3　経営学の"実践性"と経営者育成論（経営教育学）の構想
　　　　　　　　　　　　　　　　　　　　　　　　　　辻　村　宏　和
　4　経営学の「科学化」と実証研究　　　　　　　　　　勝　部　伸　夫
　　　――経営学史研究の意義――
　5　物語る経営学史研究　　　　　　　　　　　　　　　宇田川　元　一
Ⅲ　論　　　攷
　6　会社法における株式会社観の日独比較　　　　　　　山　口　尚　美
　　　――私的所有物か公共物か――
　7　日本企業の集団的意思決定プロセスの研究　　　　　浅　井　希和子
　　　――組織論の分析視角と稟議制度――
Ⅳ　文　　　献

経営学の未来――経営学史研究の現代的意義を問う――　第二十六輯

●主要目次

Ⅰ　**趣旨説明――経営学の未来――経営学史研究の現代的意義を問う――**
　　　　　　　　　　　　　　　　　　　　　　　　　　第９期運営委員会
Ⅱ　**経営学の未来――経営学史研究の現代的意義を問う――**

1 経営学に未来はあるか？──経営学史研究の果たす役割──

上 林 憲 雄

2 経営学史と解釈学　　　　　　　　　　　　　　　杉 田　　博

3 文明と経営──経営学史研究と経営学の未来──　村 田 晴 夫

4 先端的経営研究分析による学史研究の貢献　　　　丹 沢 安 治
　　　──方法論的論究の意義──

5 杉田博「経営学史と解釈学」およびシンポジウムに寄せて　藤 井 一 弘

6 村田晴夫「文明と経営──経営学史研究と経営学の未来──」
　に対するコメント　　　　　　　　　　　　　　三 戸　　浩

7 新制度派経済学の未来　　　　　　　　　　　　　高 橋 公 夫
　　　──丹沢報告の討論者の視点から──

8 経営学の未来と方法論的課題　　　　　　　　　　片 岡 信 之
　　　──シンポジウムを顧みて──

Ⅲ　論　　攷

9 組織論におけるマルチパラダイムの可能性　　　　髙 木 孝 紀

10 リニア・モデルはなぜ必要だったのか　　　　　　桑 田 敬太郎
　　　──ブッシュ・レポート再訪──

11 離脱，発言，および組織の重心　　　　　　　　　林　　　徹
　　　──1920 年前後における GM 社の一考察──

12 顧客満足へ向けたサービス提供戦略と組織管理　　木 田 世 界
　　　──コンティンジェンシー・モデルの拡張と研究課題の提示──

Ⅳ　文　　献

経営学の『概念』を問う──現代的課題への学史からの挑戦── 第二十七輯

●主要目次

Ⅰ　趣旨説明──経営学の『概念』を問う──現代的課題への学史からの挑戦──

第 9 期運営委員会

Ⅱ　経営学の『概念』を問う──現代的課題への学史からの挑戦──

1 経営学の「概念」を問う　　　　　　　　　　　　藤 沼　　司
　　　──現代的課題への学史からの挑戦──

2 批判的実在論からみた「企業」概念の刷新　　　　坂 本 雅 則

3 21 世紀の企業観　　　　　　　　　　　　　　　　中 條 秀 治
　　　──グローバル社会における corpus mysticum──

4 経営学における労働概念の考察　　　　　　　　　庭 本 佳 子

    ——労働から仕事・キャリアのマネジメントへ——

 5 日本における「労働」概念の変化と経営学   澤　野　雅　彦

 6 経営学の「概念」を問う：経営学史研究の課題   吉　原　正　彦
    ——シンポジウムを顧みて——

 7 改めて「企業」概念を問う   水　村　典　弘
    ——坂本報告と中條報告の討論者の視点——

 8 現代的課題への学史の挑戦と『労働』概念   風　間　信　隆
    ——庭本報告と澤野報告に対する討論者の視点——

Ⅲ　論　　攷

 9 ペンローズの企業成長理論と「資源・能力アプローチ」 黄　　　雅　雯

 10 ワーク・モチベーション研究の再検討   貴　島　耕　平

 11 組織間関係論の淵源   西　村　友　幸

 12 経営学における「意識」の存在論的探究   河　辺　　　純
    ——バーナード組織概念からの考察——

Ⅳ　文　　献

経営学における『技術』概念の変遷——AI時代に向けて——　第二十八輯

●主要目次

Ⅰ 趣旨説明——経営学における『技術』概念の変遷——AI時代に向けて——

                  第9期運営委員会

Ⅱ 経営学における『技術』概念の変遷——AI時代に向けて——

 1 経営学における『技術』概念の変遷   福　永　文美夫
    ——AI時代に向けて——

 2 19世紀前半期イギリスにおける機械の効果と影響 村　田　和　博
    ——バベッジ，ユア，及びミルの所説——

 3 技術概念・技術観の変遷とその意義   宗　像　正　幸
    ——AI時代を見据えて——

 4 AI技術と組織インテリジェンスの追求   桑　田　耕太郎
    ——バーナード理論，サイモン理論からAI時代の経営学へ——

Ⅲ 論　　攷

 5 技術進歩のもたらす経営組織の逆機能に関する一考察 藤　川　なつこ
    ——組織事故の視点から——

 6 協働におけるアカウンタビリティの類型   坂　井　　　恵
    ——Barnard（1938；1948）の組織概念からの接近——

7　ノーマル・アクシデント理論と高信頼性理論の「技術観」　杉　浦　優　子
8　日本におけるバーナード理論の受容と展開　　　　　　　櫻　田　貴　道
　　　　　　　　　　　　　　　　　　　　　　　　　　　　磯　村　和　人

Ⅳ　文　　献

「時代の問題」と経営学史——COVID-19 が示唆するもの——　　第二十九輯

●主要目次

Ⅰ　趣旨説明——「時代の問題」と経営学史——COVID-19 が示唆するもの——
　　　　　　　　　　　　　　　　　　　　　　　　　　　　第 9 期運営委員会

Ⅱ　「時代の問題」と経営学史——COVID-19 が示唆するもの——
　　1　「時代の問題」と経営学史の役割　　　　　　　　　三　井　　　泉
　　　　　　——Covid-19 という「問題」をめぐって——
　　2　資本主義の再構築と利害多元的企業統治モデル　　　風　間　信　隆
　　　　　　——シュタインマン・フリーマン・ドラッカー経営学説
　　　　　　　の現代的意義——
　　3　市場課題解決装置としての企業から社会課題解決装置とし
　　　　ての企業へ　　　　　　　　　　　　　　　　　　小　山　嚴　也
　　4　コロナ禍と組織における「コミュニケーション」　　山　下　　　剛
　　　　　　——ドラッカーを中心にして——
　　5　コロナ禍における働き方の変容と経営組織　　　　　浦　野　充　洋

Ⅲ　論　　攷
　　6　ミドルマネジャーの経営学史　　　　　　　　　　　森　谷　周　一
　　　　　　——領域横断的な検討による全体像の探究——
　　7　経営学の教育研究　　　　　　　　　　　　　　　　中　原　　　翔
　　　　　　——学問の体系性を回復するコマシラバスの意義——

Ⅳ　文　　献